Une esclave moderne

7-13, boulevard Paul-Émile Victor – Île de la Jatte
95521 Neuilly-sur-Seine Cedex

henriette akofa

Une esclave moderne

Avec la collaboration d'Olivier de Broca

Michel Lafon

Préface de Robert Badinter

Esclave à Paris

« Tu as toujours été forte, Henriette. » Ces quelques paroles maternelles pour tout bagage, l'adolescente quitte son Togo natal pour ce qu'elle croit être Paris et ses lumières, en compagnie d'une trop charmante bienfaitrice. Au bout du voyage, qui durera cinq ans, la condamnation pénale d'un couple de Français pour avoir abusé, pendant des années, de la vulnérabilité d'Henriette. Alors, forte ou vulnérable, Henriette ? Les deux, assurément.

Ces pages nous restituent en effet ce qu'il a fallu de force à la jeune fille pour affronter, jour après jour, le mépris et la peur, pour repousser un peu la limite de l'épuisement. Un témoignage sans détour que nous devons au comité contre l'esclavage moderne, pour sonner l'alarme, nous mettre en garde.

En 1998, rendant hommage à Victor Schoelcher,

nous célébrions le 150e anniversaire de l'abolition de l'esclavage dans les colonies. La même année, à la faveur de l'anniversaire de la Déclaration universelle des droits de l'homme, adoptée à Paris en 1948, nous dressions le bilan d'un demi-siècle de protection internationale des droits de l'homme. Quels que soient les incontestables progrès ainsi enregistrés, le destin d'Henriette rappelle aux défenseurs des droits de l'homme que la bataille n'est pas gagnée, même ici, « chez nous ».

L'esclavage, pour être moderne, demeure tragiquement banal, fait de violences, de tortures, voire d'abus sexuels. L'exemple ici présenté est saisissant par son apparente « normalité ». Une jeune fille rejoint une « quasi-famille » pour réaliser son rêve d'étudier en France. On lui fait cependant vite comprendre que la solidarité exige quelques sacrifices... lesquels, avant longtemps, se multiplient. Elle n'ira jamais à l'école. Finalement cédée, telle une chose, à un couple étranger à la famille, elle s'épuisera dans les tâches ménagères et les soins aux enfants.

Où placer la frontière, à quinze ans, entre l'obéissance due au père (qui a toute confiance en cette femme peu scrupuleuse), et l'abus caractérisé d'autorité ? Henriette a conscience qu'on l'a trompée, en revanche elle ne sait pas que ce qu'elle subit est pénalement répréhensible. Elle ignore les droits inaliénables qui sont les siens, quelles que soient les frontières, les solidarités familiales, les traditions culturelles. Là est sa vulnérabilité.

Tant que la connaissance de leurs droits restera inaccessible à certains, les individus sans scrupules auront la voie dégagée pour exploiter leurs semblables. La pédagogie des droits de l'homme reste une impérieuse nécessité.

« Il faut que tu penses à toi, maintenant. » Les mots de ceux qui recueillent ces esclaves des temps modernes expriment l'exigence du respect de la dignité de l'être humain. Elle vaut pour l'autre. Mais aussi pour soi-même, face aux pesanteurs de l'oppression, serait-elle domestique ou familiale. Pour ces victimes, souvent jeunes, femmes, de pays pauvres, ces mots sont le début de l'apprentissage de l'autonomie, de la réappropriation de leur identité et de leur destin. Saluons le courage et la détermination du comité contre l'esclavage moderne qui les assiste sur ce difficile chemin.

Citoyens, associations, législateur, juges, travailleurs sociaux, policiers, nous sommes tous engagés dans cette lutte. Il y va de la sauvegarde de la dignité humaine.

Robert BADINTER

Avant-propos

Ce livre retrace le plus fidèlement possible mon histoire. J'ai souhaité l'écrire comme je la ressentais, c'est-à-dire sans animosité pour ceux qui m'ont fait souffrir, et j'espère que cette intention sera perceptible au fil des pages. Toutefois, afin de préserver certaines personnes, j'ai choisi de masquer la plupart des noms propres. Cela ne change rien à la teneur de mon témoignage. Car ce ne sont jamais des êtres en particulier que j'ai voulu dénoncer (ils m'inspirent plus de compassion que de haine), mais une forme moderne d'esclavage dont l'existence est de plus en plus reconnue, même si elle reste souvent difficile à démontrer.

L'écriture m'a soulagée et m'a aidée à enterrer le passé. Mais au-delà de mon cas personnel, je pense à toutes les jeunes filles qui ont connu une situation similaire, et parfois bien plus horrible. Beaucoup ont souffert dans leur chair, alors que mon calvaire était seulement moral. La plupart n'ont pas eu comme moi la chance d'obtenir justice, car leurs « patrons » étaient protégés par l'absence de preuves ou de témoins, quand ce n'était pas par l'immunité diplomatique. Faute d'avoir pu l'exprimer au grand jour, elles portent souvent leur drame comme un fardeau et comme une honte. Je leur dédie ce livre et j'ose dire que je parle en leur nom.

Enfin, je songe à tous ceux et celles qui sont aujourd'hui humiliés, exploités ou battus. Puisse mon exemple leur apporter un peu d'espoir et de courage. La dignité se reconquiert.

Togo

À Sokodé, derrière la maison, passé les champs de maïs et de millet, il y a le fleuve. Un fleuve large, avec une eau claire comme celle d'une fontaine, qui bondit en cascade sur les rochers. Les devoirs finis, nous dévalons le sentier, nos pieds nus évitent les cailloux et laissent des empreintes dans la terre meuble. Mes frères et sœurs se jettent à l'eau, ils s'éclaboussent ou vont pêcher des crevettes. Moi, je les regarde sagement depuis la rive. Je suis la seule à ne pas savoir nager. Un jour, une de mes sœurs m'a prise sur son dos, elle a couru jusqu'au fleuve et, au lieu de me déposer sur la berge, elle a plongé. Mes cris d'effroi ont été engloutis. J'ai cru me noyer. Depuis, j'ai peur de l'eau.

Chaque matin ou presque, mes parents envoient l'un de nous chercher du lait frais de l'autre côté du fleuve, dans la ferme sur la colline. Je n'aime pas y aller parce qu'il faut traverser un vieux pont de bois qui tangue dès qu'on pose le pied dessus. Au milieu de la passerelle, affolée par le chemin qui me reste à parcourir, je me retourne et je vois la rive si lointaine. Je reste un long moment clouée sur place par la panique. Souvent, je m'arrange pour me faire accompagner. Mon frère Charles passe le premier, je lui emboîte le pas et ma sœur Gisèle ferme la marche. Quand la peur me saisit, ils m'encouragent :

– Allez, Henriette, continue ! N'aie pas peur !

Je suis la plus jeune des six enfants. L'aînée s'appelle Sylvia, puis viennent Prince, ma sœur Dayavo, Charles, Gisèle, et enfin moi. Mais nous ne sommes pas les seuls à la maison : il y a aussi les cinq enfants que mon père a eus avec d'autres femmes. Chantal, Duval, Youl, Francis et Janvier. En Afrique, plus on a d'enfants, plus on est riche. Plus on a de femmes, plus on est un homme. Enfin, c'est ce qu'on dit.

Ma mère a accepté sans rechigner de s'occuper des autres enfants de mon père. Elle nous aime tous, sans faire aucune différence entre nous. Je l'adore. C'est la plus belle maman au monde. Elle est grande et mince, elle sourit souvent et ne se met presque jamais en colère. Comme elle nous connaît par cœur, elle sait très bien quand nous lui mentons.

– Tu es sûre, ma fille, de ce que tu dis ?

Il ne reste qu'à lui avouer la vérité, tout simplement. Mais elle ne nous gronde pas :

– Réfléchis bien à ce que tu as fait et reviens me voir.

Plus tard, elle nous demande :

– Alors ? Tu as bien réfléchi ? Tu penses que tu as bien agi ? La prochaine fois, tu t'en souviendras.

Elle est si douce, ma mère. Ce que j'aime le plus chez elle, ce sont ses mains, si longues et si fines. Lorsqu'elle me caresse, je me sens comme une petite princesse toute joyeuse. Souvent, elle me chante des chansons : « Mon bébé, mon trésor, je vais t'acheter une belle robe, papa t'achètera des chaussures, ton frère une paire de chaussettes, ta sœur un chapeau, ô trésor, mon trésor... »

Je l'admire aussi parce que c'est une vraie battante. Malheureusement, on ne peut pas dire qu'elle soit heureuse en ménage. J'aime beaucoup mon père, c'est un bon père, qui prend soin de sa famille, mais la seule chose que je lui reproche, c'est d'avoir épousé plusieurs femmes qui créent parfois des histoires entre elles. Mon frère Charles dit qu'un jour il sera président de la République et qu'il fera passer une loi pour que les hommes ne se marient qu'une fois.

Mon père est inspecteur de police. Après des années à Lomé, la capitale, il a demandé son transfert à Sokodé, une grosse bourgade au nord du pays. Là, à l'écart de la ville, il a fait construire une grande maison en fer à cheval, avec une paillote dans la cour et un jardin face au fleuve. Mon grand-père et deux oncles sont venus nous rejoindre. Il y a de la place pour tout le monde, et même une chambre pour chacun des onze enfants. Ou plutôt douze enfants, après la naissance de mon petit frère Doumégnon.

Doumégnon, dans notre langue, ça veut dire une « belle ville ». Ma mère a choisi ce nom parce qu'en arrivant à Sokodé, mon père lui a offert beaucoup de cadeaux et elle était plus heureuse ici qu'à Lomé.

Le matin, c'est la bousculade pour la toilette. Ceux qui ne se lèvent pas assez tôt font la queue devant la douche. Nous enfilons notre uniforme, une robe kaki pour les filles, une chemise blanche et un pantalon beige pour les garçons. Puis tout le monde vient prendre le petit déjeuner dans la grande salle à manger : j'avale un bol d'*étibé*, un thé à la citronnelle avec un nuage de lait, ce lait que nous allons acheter tous les matins de l'autre côté du fleuve.

Comme nous sommes à l'écart de Sokodé, nous allons à l'école en voiture. Les premiers prêts partent avec mon père. Les autres suivent, serrés comme des sardines dans la voiture de ma mère. Au début, nous déjeunions en ville parce que la maison était trop éloignée pour rentrer. Maman en a eu assez de distribuer des sous à tous les enfants, alors elle a décidé d'ouvrir un restaurant. Elle a loué et aménagé un petit local. À midi, c'est là que nous nous retrouvons tous. Comme je suis la plus petite, je dois courir derrière mes frères et sœurs qui ne m'attendent pas.

Souvent, ils aident à servir et à débarrasser les tables. On entend les deux cuisinières qui manient le pilon dans l'arrière-cour. Ta toum ta toum, c'est comme un rythme de tambour. Elles préparent le *foufou* : on fait bouillir le manioc, on le broie jusqu'à obtenir une pâte élastique, puis on l'assaisonne avec différentes sauces, graines de palme, aubergines, poulet ou poisson. Maman sert aussi des boules de maïs et de riz cuites à la vapeur et roulées dans le sucre. Elle fabrique elle-même une boisson alcoolisée à base de millet qu'elle laisse fermenter pendant plusieurs jours. C'est doux et sucré mais ça saoule vite. Un jour, avec un de mes frères, j'en ai bu en cachette toute une bouteille : ma mère nous a retrouvés par terre les bras en croix, ivres morts !

Le soir, en sortant de l'école, nous allons tous rejoindre maman. Nous rangeons les chaises, la vaisselle, nous fermons le restaurant, puis nous rentrons à la maison.

Dans la cour, sur un côté, il y a une terrasse sur laquelle mon père a installé un tableau noir. C'est là que mes frères et sœurs font leurs devoirs sous la direction de mon oncle. Moi, je suis trop petite, je n'ai pas de travail à faire à la maison, alors je les regarde. Je suis toujours impressionnée de les voir lire. Comment font-ils pour savoir ce que représentent toutes ces enfilades de lettres ? Lorsque je les ai assez ennuyés avec mes questions, ils m'expédient dans ma chambre.

Les devoirs terminés, il faut encore s'occuper du jardin. Tout le monde s'y met, même moi. Charles, Janvier et Prince nettoient le poulailler et donnent à manger aux poules. Gisèle, Dayavo, Chantal et Sylvia arrachent les mauvaises herbes autour de la maison et arrosent le potager. Youl, Duval, Francis et moi, nous allons travailler dans les champs de maïs et de millet. Quand tout est fini, nous pouvons enfin jouer, nous nous dispersons en piaillant comme une volée d'oiseaux.

Mais dès que mon père rentre à la maison, nous surveillons nos gestes et nos paroles parce que, même s'il n'est pas méchant, il est plutôt sévère. Je crois que c'est à cause de son métier de policier. Nous avons tous un peu peur de lui, surtout lorsqu'il sort sa *samba*, une longue cravache en cuir torsadé. Quand nous apprenons qu'il va partir une semaine à Lomé ou ailleurs pour affaires, ce sont des grands cris de joie à la maison parce que nous allons pouvoir nous amuser en toute liberté.

Dans le salon de mon père, sur le mur blanc, il y a la photo d'une religieuse en coiffe. Je me suis longtemps demandé ce que ce portrait faisait là, alors que mon père n'est pas croyant. Un jour, maman m'a expliqué...

Lorsque j'avais trois ans, nous habitions encore à Lomé et ma mère suivait un stage pour entrer au ministère de la Jeunesse et des Sports. Dans la journée, elle me confiait à une cousine mais celle-ci a laissé traîner un couteau et je me suis profondément entaillé le pouce. Craignant la réaction de mon père, la cousine a pris la fuite. À son retour, ma mère m'a trouvée évanouie dans une mare de sang. Elle m'a conduite à l'hôpital, chez les bonnes sœurs. La religieuse qui s'occupait de moi s'appelait Anna. C'est elle sur la photo. Elle m'a gardée plusieurs mois, pendant que ma mère terminait son stage.

Mais Anna s'est prise d'affection pour moi. Au bout de quelque temps, elle a proposé à ma famille de m'adopter. Elle rentrait en France et souhaitait m'emmener. Mon père a refusé : j'étais beaucoup trop petite, il n'était pas question de me laisser partir, et surtout pas dans les bras d'une bonne sœur.

Parfois, lorsque je passe dans le salon, je m'arrête un moment pour contempler la photo. Et s'il avait dit oui ? Si Anna m'avait emmenée en France ? Je serais loin de ma famille, dans un monde complètement différent, parmi les Blancs. Et j'essaie d'imaginer ce que serait ma vie.

Un de mes oncles habite en France. Je le connais à peine. Parfois, pendant les vacances, il passe à Sokodé et il discute avec mes parents mais je suis trop petite pour prendre part à la conversation. Une fois aussi, mon père est allé en France pour son travail. Il nous a ramené des pulls rayés bleu et beige. Dès son retour, je me suis accrochée à son pantalon pour lui demander s'il avait vu Anna.

– Fiche-moi la paix ! J'avais d'autres chats à fouetter que d'aller voir une bonne sœur !

La France, c'est loin, et la maison de Sokodé est si agréable. Mon grand-père et mes oncles ont construit une nouvelle paillote tout près du fleuve. Le dimanche, lorsqu'il fait très chaud, nous allons tous déjeuner au bord de l'eau. Sous la paillote, il fait frais comme si c'était climatisé. Et nous mangeons en regardant couler le fleuve.

Tout autour de la maison, il y a la savane et les

collines. Souvent, nous partons pour de longues promenades dans la forêt. Les singes sautent d'arbre en arbre à notre approche. Parfois nous leur tendons des bananes et ils viennent vers nous. C'est comme ça que nous avons attrapé Bistiqua. Il s'est habitué à nous et un jour, nous l'avons ramené à la maison.

Autrefois, dans cette région, il y avait des lions et des éléphants en liberté mais ils faisaient beaucoup de dégâts, ils entraient dans les champs, parfois ils s'aventuraient jusque dans les rues de la ville. Aujourd'hui la plupart des grands animaux sauvages ont été abattus. Ceux qui restent sont dans la réserve voisine. Mais le soir, mon grand-père continue d'allumer des feux autour de la maison pour chasser les lions. Nous nous réunissons autour de ces feux de camp et il nous raconte des histoires de l'ancien temps. Nous l'écoutons en regardant s'envoler les flammèches. Souvent aussi, nous chantons en chœur ou bien nous jouons des pièces de théâtre sous le ciel couvert d'étoiles.

Mon frère Charles est l'âme de nos jeux. C'est grâce à lui et à son imagination débordante si la joie règne dans la maison. C'est lui qui invente les chansons et les pièces que nous répétons ensuite. Tout le monde l'aime. Il nous fait rire, il sait trouver les mots justes quand on se sent triste. Mais surtout, il est le préféré de mon père. Mon père nous gronde facilement, mais dès qu'il s'agit de Charles, il ne dit plus rien.

Après la naissance de Doumégnon, ma mère a eu

moins de temps à me consacrer et je me suis beaucoup attachée à Charles. Il est grand et beau. Quand il n'est pas là, je guette son retour. Et de loin, lorsque je le vois arriver, il me fait un clin d'œil. Je cours me jeter dans ses bras et il me porte un moment sur son dos. Auprès de lui, je me sens protégée. Il est le centre de ma vie. Et je sais qu'il m'aime beaucoup aussi.

À Noël, les enfants de l'école reçoivent des cadeaux mais nous, qui sommes si nombreux, devons souvent nous contenter des vêtements que confectionne ma mère. Un jour, j'ai dit à Charles que j'aimerais avoir une poupée, moi aussi, comme les autres. Il ne m'a pas répondu. Un peu plus tard, il m'a apporté une poupée qu'il avait fabriquée avec de la paille, un bout de tissu pour la robe et de la corde pour les nattes. Je n'avais jamais eu de jouet plus magnifique.

Nous étions heureux.

Mais lorsque j'ai eu douze ans, soudain tout a basculé. À cette époque, mon père était très préoccupé, il avait de gros ennuis à son travail. Il a été obligé de quitter la maison et pendant plusieurs semaines nous sommes restés sans nouvelles de lui. Ma mère a dû s'occuper de nous toute seule.

Un soir, c'était un vendredi, Charles s'est plaint d'avoir mal au genou. Le lendemain, il ne pouvait plus marcher. Ma mère a décidé de l'emmener à l'hôpital. Avant de partir, il a pris son chat, il me l'a donné en me disant :

– Tiens, Henriette, je te le confie.

La voiture s'est éloignée sur la route. Et je n'ai plus jamais revu Charles.

Il est mort le soir même à l'hôpital.

On dit que le temps guérit la douleur. Mais pas des douleurs comme celles-là. Depuis, les années ont passé mais, dans mon cœur, la plaie est toujours aussi vive.

Charles avait le monde devant lui. Sur le coup, j'ai refusé de croire à sa mort. Dieu ne pouvait pas lui avoir retiré son souffle. Non, pas à lui, si jeune, si gentil, si doué. Sa disparition brutale, inexplicable, nous laissait désemparés. Quand j'ai enfin compris qu'il ne reviendrait plus, la vie s'est arrêtée pour moi.

La nuit, je suis allée me coucher dans son lit, en pensant qu'il me porterait dans ma chambre comme il le faisait souvent. Mais le matin, j'étais toujours au même endroit. Je me suis mise à pleurer.

– Charles, pourquoi m'as-tu laissée ? Comment vais-je m'en sortir sans toi ?

Maman a entendu mes pleurs. Malgré sa peine, elle a essayé de me consoler.

– Ton frère serait triste de te voir dans cet état.

Je suis allée chercher la poupée de paille qu'il m'avait donnée. Je me suis souvenue de ce qu'il me disait :

– Il faut prendre la vie comme elle vient car on n'y peut rien, rien du tout.

L'enterrement a eu lieu en l'absence de mon père. Nous n'avions toujours pas de nouvelles de lui. Ma mère a dû surmonter l'épreuve toute seule. Oh, ma pauvre maman ! Elle a dû puiser dans ses forces pour surmonter sa détresse et s'occuper de nous.

Et puis soudain, nous avons eu un coup de téléphone de mon père. Dieu soit loué, il était en vie, nous étions enfin soulagés. Il venait d'apprendre la mort de Charles par un de mes oncles, parti à sa recherche. À son retour, nous l'avons trouvé très abattu. La mort était déjà passée, nous avions porté Charles en terre, il n'avait pas pu le revoir, ni même assister à l'enterrement. Charles, son fils préféré. Mon père semblait brisé. Pendant plusieurs mois, il a arrêté le travail.

La vie avait déserté la maison. Personne n'osait dire un mot, parce que dès que l'un de nous ouvrait la bouche, les autres éclataient en sanglots. Il a fallu jeter ou donner les affaires de Charles : lorsque ma mère tombait sur un vêtement qui lui appartenait, la douleur resurgissait, elle parlait de suicide, elle s'évanouissait. Sans son fils, elle était perdue.

Nous ne pouvions plus rester à Sokodé, les souvenirs y étaient trop pénibles.

Mon père a demandé sa mutation à Lomé, ma mère a fermé le restaurant. Et nous avons quitté la maison au bord du fleuve pour retourner à la capitale. Pendant le trajet, j'ai gardé le chat de Charles sur mes genoux.

À Lomé, nous nous sommes installés dans une petite villa. Mais la vie refusait encore de reprendre son cours. Nous n'osions toujours pas parler, de peur de prononcer *son* nom.

Pendant six mois, ma mère est restée cloîtrée. Elle ne mangeait plus, elle ne voulait voir personne. Puis, au fil du temps, elle a accepté de recevoir des visites, de sortir un peu. Elle a obtenu un emploi de secrétaire au ministère de la Jeunesse et des Sports, où elle avait fait un stage autrefois. Elle s'est remise au travail et s'y est accrochée, désespérément.

Mon père était devenu bourru, agressif. Il ne voulait plus entendre parler des enfants, il ne nous approchait plus. Le matin, on le voyait à peine sortir. Avant, nous partions ensemble, il nous déposait à l'école mais à Lomé, l'école était tout près, nous y allions à pied. Le soir, il revenait, grommelait un « bonsoir », mangeait sur un coin de table et disparaissait dans sa chambre.

Puis il a décidé de construire une nouvelle maison. Comme il voulait être au calme, il a choisi un quartier neuf, tout juste gagné sur la brousse. On y accédait par une route en terre rouge, bordée d'eucalyptus et de flamboyants. Les travaux ont débuté, les maçons se sont mis à l'œuvre. Peu à peu, mon père a recommencé à s'ouvrir. Un jour, il nous a tous réunis devant le chantier.

– Regardez, ici ce sera votre étage, là mon bureau, là les chambres des invités...

Il s'animait en nous exposant ses projets, mais nous sentions qu'il n'était plus comme avant, quand il nous faisait peur et nous faisait rire à la fois. Quelque chose s'était définitivement fermé en lui.

La maison a poussé sur trois étages. Le rez-de-chaussée comptait sept grandes pièces, deux salles de bains et la cuisine. À l'étage, il n'y avait pas moins de onze chambres et deux salons. Les nuits où il faisait trop chaud à l'intérieur, nous pouvions tous dormir là-haut, sur la terrasse. Le vent venu de la mer nous apportait la rumeur de la ville, avec des pulsations de musique et le rugissement des grosses motos.

En bas, dans la cour, il y avait un manguier et, de l'autre côté, un petit bâtiment dans lequel mon père a installé son bureau. Il a reconstruit une paillote, comme celle que nous avions à Sokodé. Nous avons planté toutes sortes d'arbres, citronniers, papayers, avocatiers. Derrière, c'était l'enclos pour les chèvres et les moutons. Le soir, nous les menions brouter dans un champ voisin. Nous nous mettions à six ou sept, tous armés d'un bâton parce qu'ils couraient en tous sens. Nous avions aussi gardé Bistiqua le singe, qui allait et venait à sa guise dans la maison.

Nous ne manquions pas de place et la famille s'est bientôt agrandie. Les cinq fils et filles d'un grand-oncle, plus les quatre de mon oncle qui habitait en France, et enfin la grand-mère, sont venus vivre avec nous. De nouveau, les cris d'enfants ont retenti à tous les étages et dans le jardin.

Ma mère retrouvait presque le sourire. Mais il suffisait que l'un de nous fasse un geste ou dise une chose qui lui rappelle Charles, et toute la journée, elle était malade, absente.

Je pensais très souvent à mon frère, il me manquait toujours autant. La nuit, il m'arrivait de faire des cauchemars, je revoyais sa mort et je me réveillais en larmes. Alors j'ai pris l'habitude de dormir dans la même chambre que ma sœur Gisèle, de deux ans mon aînée. Parfois, dans le noir, lorsque la peur m'étreignait, j'allais me glisser dans son lit. Elle essayait de me réconforter.

– Je sais que tu étais sa préférée et que tu as beaucoup de chagrin. Mais s'il nous a quittés, ce n'est pas pour que nous arrêtions de vivre. De là-haut, il nous voit, nous pouvons lui apporter de la joie. Et il sait qu'un jour nous nous retrouverons tous dans le palais de Dieu.

J'allais régulièrement à l'église et je priais souvent Dieu pour qu'il accueille mon frère auprès de Lui. Bientôt j'ai été baptisée, parmi une centaine de jeunes filles. C'était une cérémonie magnifique. Habillées tout de blanc, comme des anges, un cierge à la main, nous avançions sur deux rangs jusqu'à un bassin où le prêtre nous immergeait en nous tenant d'une main ferme sous la nuque. Dans la chaleur de la nuit, l'eau m'a semblé fraîche. Puis nous avons gagné l'intérieur de l'église en entonnant un hymne en latin.

À la fin de la cérémonie, mon père a invité tous les participants à un grand banquet. Beaucoup sont venus. Baptisées, parents, amis, nous formions une procession joyeuse dans les rues, chantant, battant des mains ou frappant sur un tambour. Les gens sortaient sur le pas de la porte pour nous regarder passer, des voisins se joignaient à nous. À la maison, nous avions dressé une table d'un bout à l'autre de la cour, si grande que les enfants s'épuisaient à en faire le tour. La nourriture nous attendait dans d'énormes marmites... Nous avons fait la fête jusqu'à l'aube. L'espace de quelques heures, j'ai été heureuse, j'avais oublié Charles.

Lentement, nous avons recommencé à vivre. Parfois même, nous arrivions à prononcer son nom.

– Tiens, si Charles était là...

Il y a eu encore du changement à la maison. Un beau jour, mon père s'est mis sur son trente et un, il a dit que nous allions avoir de la visite. Nous avons vu arriver une femme bien habillée, flanquée de deux enfants. Mon père nous a tous réunis dans le grand salon :

– Je vous présente Evelyne, votre belle-mère. Voilà votre frère et votre sœur. À partir d'aujourd'hui, ils vont habiter ici.

Et sans broncher ma mère est allée préparer le repas pour tout le monde !

Quelque temps plus tard, mon père a remis son costume du dimanche, il s'est rasé de près. Ma mère et l'autre femme faisaient la cuisine. Nous avons mis de la musique. Coup de sonnette. Une femme est entrée, en grande tenue, les ongles faits, une vraie déesse tombée du ciel. Avec ses trois enfants.

– Venez tous ! a appelé mon père. Je vous présente Tina. Et vos frères et sœurs... Servez-leur à boire.

Ça ne finirait donc jamais ! Bientôt, ça a été le tour d'Essi et de ses enfants.

– Bienvenue dans la super famille ! ai-je lancé à leur arrivée.

Et j'ai quitté la pièce en coupant court aux présentations.

– Ne faites pas attention, a dit mon père, elle est trop jeune pour comprendre...

C'est vrai, je ne comprenais pas comment ma mère supportait cette situation. Elle accueillait ses rivales à bras ouverts, elle leur parlait. Bien sûr, elle restait la première femme et, à ce titre, elle gardait la plus grande partie de la maison, tout le rez-de-chaussée. Mais la présence de mes belles-mères allait forcément entraîner toutes sortes de jalousies et de conflits.

Mon père, lui, était fier comme un coq. Du coup, nous avons appris à nous méfier. Le dimanche, quand il mettait sa cravate et qu'il se peignait sans arrêt devant le miroir, nous redoutions le pire.

Mais l'agrandissement suivant de la famille est venu de ma sœur aînée, Sylvia. Elle a quitté la maison, elle s'est mariée et elle a eu un bébé. De temps en temps, Gisèle et moi passions l'aider. Un jour, nous nous préparions à partir mais Gisèle m'a dit que finalement elle ne pouvait pas y aller parce qu'elle avait mal à la tête. Elle s'est allongée sur son lit.

– Vas-y toute seule, Henriette. Prends un taxi si tu veux.

– Pas question. Tu dis ça parce que tu veux me laisser faire le travail toute seule. Si tu as mal à la tête, prends de l'aspirine. On n'a qu'à y aller en taxi toutes les deux, tu te reposeras là-bas.

Mais ce n'était pas une simple migraine. Gisèle s'est agitée, elle s'est mise à débiter des paroles incompréhensibles. Puis elle a renversé tous les objets à portée de sa main. À force de se débattre, elle a roulé de son lit et elle est restée allongée par terre, à parler dans le vide. Au début, je croyais qu'elle me faisait marcher mais j'ai vite pris peur. Et comme nous étions seules à la maison, j'ai téléphoné à ma mère.

– Gisèle est par terre, elle dit qu'elle a mal à la tête, elle ne peut pas se lever ! Je ne sais pas quoi faire !

– Va chercher les voisins. Ils verront si elle joue la comédie ou pas.

Je me précipite dehors, j'appelle une voisine que je connais bien, parce que je passe beaucoup de temps avec Stéphane, son fils. Elle vient, elle trouve Gisèle allongée par terre, en train de délirer :

– Elle est brûlante. Dis à ta mère qu'on l'emmène à l'hôpital.

Je préviens ma mère. Elle nous rejoindra là-bas dès que possible. Comme Gisèle n'est pas habillée, nous la drapons tant bien que mal dans un pagne. Puis nous la soulevons. La voisine supporte le poids le plus lourd, je l'aide comme je peux. Dehors, nous hélons un taxi. Gisèle ne parle plus, elle est toute molle. Mes yeux s'affolent, ma tête se met à bourdonner. Nous arrivons enfin devant l'hôpital. Gisèle est incapable de descendre seule, elle perd connaissance. La voisine sort appeler du secours pendant que je reste dans la voiture.

Je sens contre moi le poids du corps de Gisèle, inerte.

Les brancardiers l'emmènent. Commence alors la longue attente dans le couloir.

Ma grande sœur Sylvia arrive la première. Ne nous voyant pas venir, elle a appelé la maison, quelqu'un lui a dit que nous étions parties pour l'hôpital.

– Qu'est-ce qui se passe ? Qu'est-ce qu'elle a ?

– On nous a juste dit qu'elle était très fatiguée, qu'elle avait besoin de repos. Elle dort.

Lorsque ma mère arrive à son tour, on nous fait entrer dans la chambre de Gisèle. Elle est allongée bien droite, les yeux fermés.

Un filet de sang coule de son nez et de ses oreilles.

– Vite ! appelle ma mère. Venez !

Les médecins accourent. Ils s'affairent autour de Gisèle, ils tentent de la ranimer...

Mais ils n'ont pas pu la réveiller. Elle était morte.

Elle s'était endormie et elle s'était éteinte ainsi, sans même savoir ce qui la tuait.

Quand ma mère a compris ce qui se passait, elle est tombée aussitôt dans le coma. Les médecins ont délaissé Gisèle pour lui porter secours, des infirmières l'ont emmenée dans une chambre voisine.

Moi, j'étais perdue, je ne savais plus où donner de

la tête. Lorsque mon père est arrivé, toute la famille était réunie à attendre des nouvelles de maman. Nous étions tous hagards, assommés par le chagrin et l'angoisse.

Finalement, les médecins nous ont dit que ce n'était pas la peine d'attendre plus longtemps, qu'il valait mieux revenir le lendemain. Mais le lendemain, l'état de maman n'avait pas évolué. Et les jours ont passé ainsi. À la maison, nous ne pensions presque plus à Gisèle, préoccupés que nous étions par le sort de ma mère. Allait-elle sortir du coma ? Serait-elle normale à son réveil ?

Pendant une semaine, nous sommes allés à l'hôpital. Gisèle reposait dans la chambre froide. C'était la consternation. Personne ne pouvait admettre sa mort. Hier, elle était en pleine santé, et voilà que d'une minute à l'autre, sans raison, sans explication, elle avait disparu. Pour moi, c'était un choc presque pire que la disparition de mon frère. Charles avait succombé à l'hôpital, je n'avais rien vu. Mais j'étais avec Gisèle et je n'avais pas réagi assez vite pour la sauver. J'ai cru qu'elle plaisantait, qu'elle ne voulait pas aller chez Sylvia. Si seulement je l'avais écoutée, si j'avais appelé plus tôt...

Au bout d'une semaine, maman s'est enfin réveillée.

Elle avait oublié tout ce qui s'était passé.

Comment lui annoncer la mort de Gisèle ? Nous ne savions même pas si elle allait se rétablir ou non. Nous étions tous tenaillés par la douleur. Il a fallu attendre qu'elle reprenne des forces. Elle a passé encore trois jours à l'hôpital puis elle a regagné la maison.

Mon père insistait pour que Sylvia lui annonce la terrible nouvelle, mais ma sœur répondait que c'était à lui de le faire. Comment allions-nous nous y prendre ?

Maman était allongée sur son lit, le dos calé avec des coussins. Nous nous sommes tous réunis autour d'elle. Mon père, mes frères, mes sœurs et moi. Tous sauf Gisèle. Nous ne savions pas par où commencer. Du coup, c'est ma mère qui a prononcé son nom la première.

– Mais où est Gisèle ? Je ne la vois pas...

Et là, tout le monde a éclaté en sanglots. Comme si nous venions seulement de nous rendre compte que Gisèle n'était plus avec nous.

– Mais qu'est-ce qu'il y a ? a demandé maman. Dites-moi pourquoi on pleure. Il y a un malade ? Il est arrivé quelque chose ?

– Gisèle est morte, a dit mon père d'une voix faible.

Et voilà ma pauvre maman qui replonge dans le coma ! Mon père s'est précipité, il lui a donné des gifles à tour de bras, mais rien à faire. Impossible de la ramener à la vie. Nous avons été obligés de la reconduire à l'hôpital. Cette fois, les médecins ne se sont pas montrés très rassurants :

– Elle avait une bonne chance de se remettre,

mais après ce nouveau choc, le diagnostic est plus réservé.

Toute la journée, nous sommes restés muets, les bras ballants, à nous interroger du regard. Personne n'a rien bu ni mangé pendant quarante-huit heures.

Le troisième jour, ma mère a rouvert les yeux. Les médecins nous ont dit qu'il valait mieux qu'elle reste quelque temps à l'hôpital. Il fallait éviter toute rechute.

Au bout d'une semaine, nous sommes venus tous les cinq. Ses cinq enfants. Elle allait mieux, elle souriait, elle s'était alimentée. De nouveau, elle a demandé :

– Où est Gisèle ? Pourquoi ne vient-elle pas me voir ?

Nous sommes restés muets. L'infirmière nous a fait sortir, elle a dit qu'elle s'en chargeait. Elle est restée en tête à tête avec ma mère pendant de longues minutes. Puis la porte s'est ouverte, l'infirmière nous a fait signe d'entrer.

Ma mère nous a attirés près de son lit, elle nous a dit de venir tout près d'elle. Les larmes coulaient sur ses joues. L'un après l'autre, elle a pris nos visages entre ses mains et nous a regardés dans les yeux.

– Mais qu'est-ce que vous avez tous ? J'ai fait des enfants pour qu'ils soient présents à mon enterrement, pas le contraire. Si quelqu'un doit encore mourir dans cette famille, alors que ce soit moi, et pas vous.

Nous avions le cœur en lambeaux.

La douleur était d'autant plus vive que nous ne comprenions rien à notre malheur. Les médecins n'avaient aucune explication à nous donner sur le décès de Gisèle. Pourquoi ces drames répétés, à deux ans d'intervalle ? Pourquoi mon frère et ma sœur nous avaient-ils quittés ? Pourquoi Dieu les avait-il rappelés à Lui ?

Nous avons enterré Gisèle.

La maison me semblait affreusement vide. Je me sentais seule au monde. Parfois, je poussais de grands cris parce que le chagrin était insupportable. Avec Charles et Gisèle, j'avais perdu coup sur coup le frère et la sœur qui m'étaient le plus proches. Je passais des heures dans l'obscurité de ma chambre parce qu'on m'avait dit que pour voir les morts, il fallait rester dans le noir. Qu'ils vous apparaissaient. Gisèle allait venir chercher ses affaires. Elle me trouverait là, je pourrais la voir une dernière fois.

Comme elle ne venait pas, j'ai décidé d'aller à sa rencontre. Le cimetière n'était pas loin de la maison et à la nuit tombée, lorsque tout le monde dormait, je sortais en cachette, je me faufilais jusqu'à sa tombe. Je croyais que les morts sortaient la nuit. J'ai attendu en vain.

Alors je m'allongeais dans mon lit, je fermais les yeux pour au moins essayer de rêver d'elle. Mais même en songe, je n'ai pas réussi à la revoir.

La maison était plongée dans le silence. Le soir, quand tout le monde était rentré, on n'entendait pas même un bruit d'assiette. Hébété, mon père tentait de faire face tant bien que mal. Mes frères ont repris l'école mais je ne pouvais plus rien faire. Je suis restée des semaines, puis des mois, sans aller au collège. Lorsque j'enfilais mon uniforme, je pensais à Gisèle. Avant, nous nous préparions ensemble, elle prenait mon cartable et nous nous mettions en chemin. Mais à présent elle n'était plus là, et au moment de partir, je m'asseyais sur le bord de mon lit, en larmes, je me déshabillais et je passais la journée à pleurer.

Je n'avais plus toute ma tête. Je voulais aller dans la chambre et je me retrouvais à la cuisine. Lorsque je rentrais à la maison, je dépassais notre portail. Après mes visites à l'hôpital, c'était pire que tout. Ma mère avait perdu le goût de vivre, elle ne réagissait plus. Le soir, je me mettais à hurler. Pourquoi Charles et Gisèle ? Pourquoi eux si jeunes ? Pourquoi seulement les enfants de ma mère ?

Puis une peur s'est insinuée en moi. Allais-je mourir, moi aussi, brutalement, sans raison ? D'abord Charles, puis Gisèle qui le suivait, maintenant c'était mon tour.

Je me suis mise à penser que les autres femmes de mon père avaient voulu se venger de ma mère. Elles étaient jalouses, elles prétendaient que mon père la favorisait, parce qu'elle était la seule à avoir son nom sur les documents officiels, la seule à devoir hériter de tout. Mes « belles-mères » avaient peut-être pratiqué la magie noire. D'un autre côté, je me disais que la sorcellerie n'existe pas, que Dieu seul existe. Je ne savais plus que penser. Et j'avais peur de mourir. En sortant au plus vite de cette maison, j'allais peut-être sauver ma vie.

J'avais besoin de couper les ponts. Alors je suis partie me réfugier chez les religieuses. Mon père n'était pas d'accord mais je voulais m'en aller à tout prix. Je n'avais plus qu'une envie, fuir le plus loin possible de ma famille, fuir cette maison maudite. J'ai cessé de me rendre au chevet de ma mère, je refusais de voir mon père, je ne voulais plus voir personne. Charles et Gisèle étaient ceux qui m'étaient le plus chers et ils étaient morts. Si je me détachais des êtres que j'aimais le plus, ils cesseraient peut-être de mourir. J'étais déchirée entre le sentiment de culpabilité et l'angoisse de ce qui pouvait encore arriver, à mes proches comme à moi.

Peu à peu, dans le calme du couvent, mes idées se sont remises en place. Je raisonnais mieux. Je me disais que ce n'était pas ma faute, que je n'étais pour rien dans la mort de Gisèle. Mais j'en voulais toujours à mon père : s'il s'était marié à une seule femme, s'il n'y avait eu que ma mère et nous, ses enfants, tous ces drames ne se seraient peut-être jamais produits.

Au bout d'un mois, je suis revenue à la maison. Ma mère venait de quitter l'hôpital et je voulais voir comment elle allait. Ses rapports avec mon père s'étaient détériorés. Elle ne supportait plus les querelles permanentes avec les autres femmes, les jalousies, les suspicions. Elle disait qu'elle n'attendait rien de mon père. S'il arrivait malheur à ses enfants, c'était à cause du mauvais œil, alors elle préférait s'en aller. De toute façon, elle ne se sentait pas la force de reprendre le travail. Elle a fini par quitter Lomé pour retourner dans son village natal.

De temps en temps, je prenais le bus à la gare routière pour aller la voir. Elle était très mal, mais je voyais qu'elle faisait un effort quand j'étais là.

– Je sais que vous avez besoin de moi, Doumégnon et toi, parce que vous êtes les plus jeunes. Vous devez continuer à vivre. Tout ce qui se passe, ce n'est pas la faute de ton père. C'est la volonté de Dieu.

– Dieu, il ne veut pas qu'on soit sur terre pour souffrir comme ça, pour nous arracher ceux qu'on aime.

Peu après le départ de ma mère, Yvonne est venue nous voir à Lomé. Yvonne était une autre maîtresse de mon père mais je l'aimais bien. Elle avait une petite fille de mon âge et cela nous avait rapprochées.

Plusieurs fois, Yvonne nous avait invités à venir chez elle. Mais personne n'avait osé y aller. Du coup, elle est venue à la maison, elle a apporté à manger et à boire, elle a tout préparé. Et lorsque les enfants ont été réunis dans la salon, elle a mis de la musique.

– Quand un parent meurt, il reste la famille. Ici, on dirait que tout le monde est mort.

Je me suis approchée de la fenêtre pour guetter l'arrivée de mon père. Il ne devait pas tarder. Comment allait-il réagir ? Quand j'ai entendu la voiture, le garage ouvert à grand fracas, la portière claquée violemment, je me suis cachée en vitesse. Les pas ont résonné dans l'escalier. Il a grimpé les marches quatre à quatre, manquant se tordre la cheville.

– Qu'est-ce que c'est que ce raffut ?

Pas de réponse. Il a traversé la pièce à grandes enjambées, il a pris le magnéto à deux mains et il l'a lancé par la fenêtre. L'appareil s'est écrasé en mille morceaux sur le sol. Puis il a jeté tout ce qui lui tombait sous la main, les disques, les chaises, les assiettes. Je ne l'avais jamais vu dans une telle rage. Il ne levait jamais la main sur nous parce qu'il se savait capable de tout lorsqu'il cédait à la colère. En général, il allait s'enfermer dans sa chambre. Et ce jour-là, la dernière chaise passée par-dessus bord, c'est ce qu'il a fait.

Lentement, nous sommes sortis de nos trous pour ramasser les objets éparpillés par terre.

– Tu as raison, Yvonne, a dit mon frère Prince. On a vraiment l'impression que tout le monde est mort, ici.

Du coup, il est remonté, il a pris son poste de radio et il a remis la musique à fond. Mon père n'a pas bougé. Nous nous sommes tous assis dans la pièce, nous avons fait un effort pour nous amuser, mais sans oser danser. De toute façon, je n'en avais pas envie. Je n'avais plus envie de rien. Je voyais bien qu'il fallait continuer à vivre, mais c'était plus facile à dire qu'à faire. Au moins nous avons mangé tous ensemble pour la première fois depuis longtemps.

Plus tard, mon père est ressorti de sa chambre. À travers toutes nos épreuves, il n'avait pas versé une larme. Mais là, soudain, il a explosé devant tout le monde. Il a pleuré comme s'il pleuvait. Lui qui donne toujours l'impression d'être si fort et si sévère, il semblait soudain très vulnérable. Je ne l'avais jamais vu ainsi. Pour la première fois, il montrait qu'il avait le même cœur que nous tous.

Il a pleuré toute la soirée.

Le lendemain matin, il était d'humeur bavarde. Il parlait comme un moulin. Il nous a amenés dans l'immeuble où il travaillait, il nous a montré son bureau, il nous a expliqué ce qu'il faisait, les enquêtes, les rapports. Des policiers nous ont même promenés dans les locaux. J'étais déjà venue deux ou trois fois, mais je n'avais jamais eu droit à la visite complète. Mon père n'arrêtait pas de faire des plaisanteries pour amuser la galerie.

Au retour, comme nous sortions de la voiture, il a lancé :

– Mes enfants, mettez de la musique, on va danser jusqu'à l'aube. Demain, je ne vais pas au boulot, qu'ils aillent au diable !

Nous avons tous échangé des regards surpris, car mon père ne fait jamais le pitre. Il y avait quelque chose de forcé dans sa jovialité. Mon frère a dit :

– On ne peut pas danser puisque tu as tout cassé.

– Pardonnez-moi, je sais que je suis ridicule quand je m'énerve. Demain, j'irai acheter un autre appareil.

Et le lendemain, nous avons mis de la musique et

nous avons préparé un grand repas. Mon père avait loué une cassette de Louis de Funès. C'était bête à pleurer mais tout le monde riait aux éclats de ses singeries.

Quelques jours plus tard, Yvonne est passée nous voir.

– J'invite tout le monde chez moi : ma sœur Simone arrive de France. Elle est très gentille, vous verrez. Je lui ai parlé de votre famille, de tout ce qui s'est passé.

Elle a ajouté pour mon père :

– Tu auras enfin l'occasion de faire sa connaissance.

Mon père n'avait jamais vu Simone, mais il lui arrivait de donner des instructions pour lui faciliter les formalités de douane, quand elle venait à Lomé ou quand elle envoyait des paquets à sa mère.

Nous sommes allés passer la soirée chez Yvonne, elle nous a présenté sa sœur. Simone était une très belle femme, grande, habillée à la française, avec un petit sac à main et un joli tailleur bleu ciel, une vraie tenue de présidente. Ses cheveux tressés étaient très élégants, le rouge luisait sur ses lèvres. On sentait tout de suite la femme d'affaires parisienne. Très souriante, elle a demandé le prénom de tous les enfants. De son côté, elle n'avait qu'une fille de six ou sept ans, une petite métisse silencieuse qui s'appelait Maoli. J'ai essayé de lui parler, mais j'ai eu du mal à lui arracher trois mots.

– À quoi tu joues en France ?

– Je regarde la télé. On a vingt-quatre chaînes.

Le dimanche suivant, mon père a rendu l'invitation à Yvonne et Simone. Nous avons préparé à manger, chacun a participé. J'ai fait le service à l'entrée, un de mes frères a servi l'apéritif, un autre s'occupait de la musique. Nous avons donné un spectacle de chansons et de danses africaines. Les garçons portaient des gilets de paille et un chapeau à plumes, les filles un pagne bariolé et toutes sortes de bijoux que nos grands-mères avaient fabriqués. Nous nous étions maquillés en trempant des capsules de bière dans une boue spéciale et en les appliquant sur nos bras et nos jambes. Puis nous avons joué une pièce de théâtre que nous avions répétée avec Gisèle mais que nous n'avions pas reprise depuis sa disparition. J'étais la fille d'un méchant roi qui m'interdisait de sortir du palais. Il m'avait attachée mais un gentil prince m'avait délivrée et je n'avais plus jamais revu mon père.

La semaine suivante, Yvonne est passée à la maison. Elle a annoncé que Simone était très contente de nous et qu'elle voulait emmener une des enfants avec elle en France. Elle s'en occuperait comme de sa propre fille et lui donnerait une éducation, en échange de petits travaux à la maison. C'était une façon de remercier mon père de tout ce qu'il avait fait pour elle.

Mon père a réfléchi à la proposition. Au bout de quelques jours, il a donné sa réponse :

– D'accord, c'est Estelle qui partira, si elle veut.

Estelle était une de mes demi-sœurs, plus âgée que moi. Elle était folle de joie à l'idée de partir pour la France.

Le lendemain, j'ai pris le bus pour aller voir ma mère dans son village. Je lui ai raconté tout ce qui se passait à Lomé, je lui ai parlé de Simone.

– Encore une femme de ton père...

– Je ne sais pas.

Je lui ai dit qu'elle proposait d'emmener un des enfants en France et que mon père avait choisi Estelle. Maman n'a pas fait de commentaires.

Je suis restée une semaine auprès d'elle. Pour la première fois depuis longtemps, nous étions bien ensemble. Nous sommes allées nous promener le long de la rivière où ma mère m'amenait quand j'étais petite. Nous nous sommes assises sur la berge. À cet endroit, l'eau est recouverte d'un tapis de petites fleurs blanches. Maman était mélancolique. Au bout d'un moment, elle a poussé un soupir.

– Tu te souviens de la dernière fois que nous sommes venus ici ? Il n'y avait que vous trois : Charles, Gisèle et toi. Ton frère a sauté dans l'eau, et vous l'avez imité. Chacun a pris un côté et vous avez avancé en écartant les fleurs. Ça faisait comme des galeries. Ton frère avait tracé la plus grande, ta sœur la moyenne et toi la plus petite. Charles a crié qu'il était le roi, et Gisèle la reine. Et toi tu pleurais parce que tu n'étais rien. Tu te souviens ?

Nous avons ri et pleuré, je me suis blottie contre elle.

– Tous les après-midi, je viens m'asseoir ici, et j'ai l'impression de vous revoir en train de vous amuser. Vous étiez pleins de vie. Et maintenant, de vous trois, il ne me reste plus que toi...

Nous sommes demeurées un long moment sans rien dire. Le tapis de fleurs s'était refermé sur mes jeux d'enfants.

Je suis retournée à Lomé. À mon arrivée, Sylvia, ma grande sœur, m'a appris que Simone ne voulait pas emmener Estelle.

– Elle n'a qu'à me prendre, moi, ai-je dit sans réfléchir.

– Ton père ne te laissera pas partir. Ta mère non plus.

– Et si j'ai envie, moi ?

Une semaine plus tard, Yvonne est passée à la maison. Elle m'a prise à part :

– Est-ce que tu aimerais partir, toi ?

– En France ? Bien sûr. De toute façon, je n'ai plus que des mauvais souvenirs en Afrique.

Elle est allée trouver mon père dans son bureau. Je suis restée à attendre dans la cour, sous le manguier, mon endroit préféré. J'adorais les mangues. Avant, je grimpais dans l'arbre pour attraper les fruits mais mon père m'a grondée, il m'a dit que je devais les laisser tomber, pour qu'elles soient bien mûres. Alors quand vient la saison, je passe de longues heures dans la cour à attendre que les mangues tombent.

Yvonne et mon père sont venus me trouver.

– Simone dit qu'elle te prendra toi, ou personne d'autre.

– Je veux bien y aller. S'il te plaît, papa...

Mon père hésitait encore. Il avait beaucoup d'enfants mais jamais il n'en avait laissé partir aucun.

– Il faut d'abord que ta mère dise oui.

Le lendemain, je suis allée la voir.

– Maman, c'est moi qui pars en France !

– Tu plaisantes ? Mais tu es beaucoup trop petite pour ça ! Tu as à peine quatorze ans, tu ne sais rien faire.

– Non, je t'assure, Yvonne me l'a dit.

– Je ne sais pas si c'est vrai, mais en tout cas, cette idée ne me plaît pas du tout.

Elle est devenue toute sombre.

– Ce n'est pas possible. Je viens juste de perdre ta sœur, je ne veux pas que tu t'en ailles à ton tour.

– Charles et Gisèle sont morts, et je sens que la prochaine fois, ça va être moi. Si je reste en Afrique et que je meurs, ce sera ta faute.

– Non, tais-toi, ne dis pas ça.

Elle était bouleversée.

– Écoute, si tu veux vraiment partir, alors vas-y, je ne t'en empêcherai pas. Je préfère garder l'espoir de te revoir un jour, plutôt que de te perdre à jamais.

Sur le moment, elle n'a pas insisté. Mais pendant toute la semaine, le soir, lorsque nous étions couchées l'une à côté de l'autre, elle m'appelait :

– Henriette ? Tu veux vraiment t'en aller ?

– Oui.

Quelques jours plus tard, lorsque Simone a regagné la France, elle a dit qu'elle m'enverrait bientôt les billets. J'ai attendu avec impatience. Les semaines puis les mois ont passé. Mon quinzième anniversaire est venu, et Simone ne m'avait toujours rien envoyé. J'ai commencé à ne plus y croire.

Un jour, je suis allée voir ma tante Bénédicte, qui avait vécu en France dans sa jeunesse.

– Il paraît que tu veux partir avec cette Simone ? Tu sais, j'ai entendu parler d'une fille, Phoebé, qui a passé des années chez elle à Paris. Eh bien, elle est revenue les mains vides, Simone n'a rien fait pour elle. Elle a prétendu que Phoebé était une voleuse. Je ne te conseille pas d'y aller. Il se passe tellement de choses en France... Tu es trop jeune pour ça.

Mais je ne l'écoutais qu'à moitié. Pour moi, la France, c'était une sorte de paradis, avec plein de gens très gentils comme Simone. Cette Phoebé, si elle existait vraiment, s'était peut-être mal conduite. Dans le doute, j'en ai parlé à mon père. Il m'a dit que je ne devais pas m'en faire, que c'était une histoire de jalousie entre femmes.

– De toute façon, tu peux compter sur moi. Si tu décides que tu ne peux pas rester là-bas, tu m'appelles et je te ferai revenir.

Puis soudain, à la mi-décembre, nous avons reçu un courrier de Simone : « Je passerai les fêtes de Noël au Togo et je rentrerai en France avec Henriette après le Nouvel An. »

Moi qui étais si contente de partir, voilà que la

peur me saisissait ! Plus la date approchait, plus je perdais l'appétit et le sommeil. Je n'arrivais pas à me faire à l'idée de quitter ma mère, ma famille. Au beau milieu de la nuit, je me réveillais en sursaut et je comptais les jours sur mes doigts.

Simone est arrivée à Lomé le soir de Noël. Elle a téléphoné à la maison. Quand j'ai entendu son nom, mon cœur s'est mis à battre à toute vitesse. Elle a demandé que je passe le lendemain chez sa mère.

Elle était toujours aussi belle, mais cette fois elle était habillée à l'africaine, en boubou. Maoli, sa fille, était restée à Paris avec Jo, le mari français de Simone.

– Vous n'avez qu'une enfant ? Elle en a de la chance ! Nous, on est si nombreux...

– Vous passerez beaucoup de temps ensemble à la maison pendant que je serai au travail. Tu l'emmèneras à l'école, tu iras la chercher le soir, tu t'occuperas d'elle, comme tu peux le faire avec tes frères et sœurs. Et moi, en échange, je t'enverrai à l'école.

– Qu'est-ce que vous faites, comme travail ?

– J'ai un magasin de prêt-à-porter avec Jo, mon mari. Rue du Faubourg-Saint-Martin. Mais nous habitons Porte Dorée.

« Porte Dorée ». Le nom me faisait rêver. Déjà que la maison de sa mère était pleine de beaux meubles, j'ai imaginé qu'à Paris elle vivait dans un véritable palais.

Nous sommes restées longtemps à discuter dans sa chambre. Elle avait apporté plein de cadeaux dans une grande valise ouverte sur son lit. Elle m'a donné une robe de Paris. Un jolie robe bleue pliée sous son plastique, très belle. Je l'ai mise de côté.

– Tu la mettras avant d'arriver en France parce que là-bas, il fait froid. Tu vas voir, c'est très beau, il y a toutes les décorations de Noël. Et puis la tour Eiffel, les Champs-Élysées, Notre-Dame, le métro. Tu sais comment on appelle Paris ? La Ville lumière. Tout est beau là-bas, ce n'est pas comme en Afrique, il n'y a pas de poussière. Je suis sûre que ça va te plaire. De toute façon, je t'ai pris un billet retour, si tu n'aimes pas, tu n'auras qu'à revenir. Je prendrai une autre fille de ton père.

Ce soir-là, j'ai dormi chez elle et j'ai passé toute la journée du lendemain avec eux. Quand je suis partie, elle m'a glissé deux mille francs CFA dans la main. En arrivant à la maison, j'ai dit à mon père :

– Regarde ! Elle m'a donné deux mille francs !

Le lendemain, je suis retournée la voir. Elle m'a emmenée au restaurant *Le Togo*, un restaurant très chic de Lomé. Nous avons mangé des plats français, elle me disait :

– Tu aimes ? Tu verras, tu pourras en manger souvent lorsque tu seras en France.

En me ramenant à la maison, elle m'a donné encore deux mille francs. Quatre mille francs en deux jours ! Ce soir-là, avec l'argent, je suis sortie danser avec mes frères et sœurs jusque très tard.

Puis Simone est partie une quinzaine de jours pour affaires en Côte-d'Ivoire. Le départ était fixé au

25 janvier. Je me suis occupée de mes vaccins et de ma valise.

J'étais excitée et en même temps inquiète à l'idée de laisser ma mère. Elle est arrivée à Lomé la veille de mon départ. Elle ne souriait pas, elle me faisait de la peine.

Le soir, nous nous sommes tous réunis dans ma chambre. Maman a étendu sa natte par terre et je me suis couchée à côté d'elle pendant que mon frère Doumégnon prenait mon lit. Stéphane, le fils de la voisine, que j'aimais beaucoup, est venu aussi dormir à la maison, sur l'autre lit. Tous les autres se sont installés sur une grande natte. Nous étions une dizaine dans la même pièce. Nous avons parlé presque toute la nuit : « Tu en as, de la chance », ou au contraire, « à ta place, je n'irais pas, je ne pourrais pas quitter ma famille ». Mon petit frère m'a demandé de lui envoyer « du fromage, plein de fromage ». Nous avons parlé de ce que j'allais faire, des habits que j'allais porter, de cette nouvelle vie qui commençait pour moi.

Puis nous nous sommes tus.

Au milieu de la nuit, je me suis réveillée.

– Maman ? J'ai peur...

– Tu as toujours été forte, Henriette. Ne l'oublie jamais. Je ne m'inquiète pas pour toi mais je suis triste parce que tu t'en vas. Même si je suis très loin, je te protégerai toujours. Dors maintenant.

Dès cinq heures du matin, j'étais debout. Sans bruit, j'ai quitté la pièce endormie, je suis sortie dans la cour encore déserte, j'en ai fait le tour. Je suis allée derrière la maison et je suis restée un bon moment à regarder les agneaux qui sautaient et gambadaient dans leur enclos. Ils allaient me manquer.

Puis je me suis assise sous le manguier que j'aimais tant. J'ai levé les yeux. Il n'y avait plus une seule mangue sur les branches. Mon chat s'est approché, celui que Charles m'avait laissé avant de partir pour l'hôpital. Je ne voulais pas le donner à mon tour, parce que je ne comptais pas partir pour toujours. Je l'ai caressé longtemps sur mes genoux.

Vers huit heures, la maison a commencé à s'animer. Je me suis levée pour terminer ma valise.

Lorsque j'ai eu fini, maman s'est approchée de moi et m'a donné une chaînette en or dont j'avais rêvé pour mon baptême. Je lui ai sauté au cou.

– Attention, tu n'es plus une enfant, tu vas me casser le dos.

Puis je suis allée dire au revoir à mon père. Depuis deux jours, il avait une forte grippe, il devait garder le lit. Enfin, c'est ce qu'il prétendait. Moi, je soupçonnais qu'il faisait semblant pour ne pas assister à mon départ à l'aéroport. Je suis entrée dans la chambre, il était allongé sur son lit.

– Viens t'asseoir à côté de moi. C'est peut-être la dernière fois que tu me vois, je crois que je vais mourir.

J'ai ri.

– C'est ça, papy, quand je reviendrai, tu seras dans ton petit fauteuil, avec ta canne.

– Imbécile.

Il m'a serrée très fort dans ses bras.

– N'oublie pas que tu peux toujours compter sur moi. Tant que je vivrai, je serai là pour toi. Allez, pars, maintenant. Et quand tu sors, referme la porte.

J'ai refermé la porte. J'ai cru que je venais de fermer une toute petite porte mais plus tard j'ai compris que c'était une porte énorme et que je ne la retrouverais plus jamais.

Nous sommes partis pour l'aéroport. Tout le monde était là, à part mon père. J'ai retrouvé Simone. J'avais des nœuds terribles dans l'estomac. Après les embrassades, nous nous sommes engagées toutes les deux dans un long corridor. Ma valise butait contre ma jambe, d'autant qu'à chaque pas, ou presque, j'essayais de me retourner vers ma mère, mes frères et mes sœurs, serrés là-bas les uns contre les autres, le bras en l'air. Peu à peu leur image s'est éloignée à travers mes yeux embués de larmes.

Paris tête basse

À l'aéroport, nous avons récupéré nos bagages puis Simone a montré nos passeports à la douane. Les portes coulissantes à peine franchies, j'ai été saisie par le froid. Je n'avais que ma robe sur le dos et en quelques secondes j'étais gelée. Le mari de Simone nous attendait dans la voiture sur le parking. Elle m'a présentée comme sa « nièce ». Il a vu que je tremblais et, gentiment, il m'a passé un grand manteau sur les épaules mais ça n'a pas suffi à me réchauffer. Nous avons chargé les valises dans la voiture, je suis montée sur la banquette arrière et nous sommes partis.

Il était cinq heures du matin et le ciel était encore noir, mais les lampadaires le long de la route nous baignaient dans un halo de lumière orange. Il faisait encore nuit quand nous sommes arrivés à la Porte Dorée.

C'était un immeuble gris de quatre étages. Nous sommes montés jusqu'à leur appartement, au troisième. Maoli était debout, mais elle ne m'a pas dit bonjour. Une autre fille, sans doute plus âgée que moi mais toute menue, est sortie sur le palier pour m'aider à entrer les bagages. Les yeux fixés sur le sol, elle m'a à peine saluée. Le silence du matin engourdissait nos gestes et nos pensées. Dans le couloir étroit et bas de plafond, je me faisais toute petite pour ne pas bloquer le passage.

– On laisse les valises dans le salon et on va tous se coucher, a décrété Simone. Henriette, tu dors là, dans la chambre de Maoli.

J'y suis allée. Habituée à notre grande maison de Lomé, j'ai eu un choc en découvrant un cube de trois mètres sur trois, muni d'une seule petite fenêtre. Contre un mur, un long chariot à tringle, chargé de vêtements, occupait la moitié de l'espace tandis qu'un gros congélateur bourdonnait à droite de la porte. Il y avait bien le lit de Maoli dans un coin, mais, pour moi, c'était plus un cagibi qu'une chambre.

Je suis restée debout sur le seuil. Maoli s'est rapidement glissée sous sa couette pendant que l'autre fille s'allongeait sur une couverture qu'elle venait d'étendre à même le sol, entre le chariot et le sommier de Maoli.

– Quoi ? C'est là que tu dors ?

Elle a acquiescé. J'ai fait demi-tour, je ne comprenais pas. Où étais-je censée m'installer ? Dans le couloir, j'ai buté contre Simone qui sortait de la salle de bains.

– Qu'est-ce qu'il y a ?

– Je n'ai pas trouvé où tu m'as dit de dormir.

– Là, dans la chambre.

– Mais il n'y a pas la place.

– Pas la place ? Attends, ici, ce n'est pas l'Afrique : la place, ça coûte cher. Allez, va te coucher.

Je suis restée immobile dans le couloir.

– Va te coucher !

– Mais je n'ai pas de place !

Elle est entrée dans la chambre avec moi, elle m'a donné une couverture.

– Voilà, mets-toi comme Stéphanie.

– Par terre ?

– Oui, pour le moment.

Je me suis couchée sur le sol, dans le prolongement de la jeune fille, mais la tête vers la petite fenêtre alors que la sienne était tournée vers la porte. Nos pieds se touchaient presque. Je n'ai pas tardé à grelotter de froid. Je suis ressortie. De nouveau, je suis tombée sur Simone.

– Qu'est-ce qu'il y a encore ?

– J'ai froid, il faut que je mette un pull.

J'ai pris les trois pulls de ma valise, je les ai enfilés, mais je tremblais toujours. J'ai mis la couverture sur ma tête pour ne plus sentir le froid sur mes oreilles. Rien à faire, j'avais beau me mettre en boule, me tourner d'un côté puis de l'autre, je n'arrivais pas à dormir. Au bout d'un moment, j'ai demandé à ma voisine allongée près de moi :

– Comment tu fais, toi, pour dormir ?

Elle ne m'a pas répondu. J'ai continué à m'agiter

et à parler toute seule, comme en Afrique lorsque le sommeil m'échappait et que je bavardais avec mes sœurs.

J'ai fini par m'endormir. Quand j'ai ouvert les yeux, la chambre était vide. Je me suis levée, je suis allée dans la cuisine. La fille était là, devant l'évier.

– Comment tu t'appelles ?

– Stéphanie.

Je lui ai posé quelques questions mais impossible de lui arracher un mot. J'aurais pu aussi bien m'adresser à un mur. Je me suis demandé si elle était simple d'esprit ou si c'était une coutume parisienne.

Lassée, je suis allée visiter le salon. Il n'était pas aussi grand que le nôtre en Afrique. Recroquevillée sur un coin du canapé, Maoli regardait des dessins animés à la télé. Simone n'était pas encore levée. Sur la cheminée, j'ai reconnu un portrait de sa mère. Dans un angle, il y avait une étagère de livres et un tabouret de bar.

La petite m'observait à la dérobée. Peut-être se souvenait-elle de moi. Ou peut-être pas. Il y avait maintenant plus d'un an que nous nous étions vues à Lomé.

Je suis allée regarder la France par la fenêtre. Dans mes rêves, je ne la voyais pas comme ça. J'avais imaginé un pays avec beaucoup d'arbres et de couleurs. Là, sur le boulevard gris, c'était le même goudron et le même ciment qu'à Lomé. Et puis je n'avais pas l'habitude de voir des barreaux aux fenêtres. J'avais l'impression d'être dans un dortoir ou dans un hôpital, pas dans une maison.

Je me sentais déboussolée. Étais-je vraiment arrivée en France ? Ou bien s'agissait-il d'un rêve ?

Simone s'est réveillée. Elle m'a appelée dans sa chambre. Je l'ai trouvée assise dans son lit. Mais ce qui m'a surprise en entrant, c'étaient les lits séparés. Sous la couette, Jo dormait encore, le visage face au mur, ne laissant apercevoir que le sommet de son crâne.

– Tu vas ranger tes affaires dans le placard de la chambre de Maoli.

J'ai défait ma valise puis j'ai pris une douche pendant que Stéphanie accompagnait la petite à l'école. En Afrique, nous prenons tous le petit déjeuner dans la pièce principale. C'est la première qui se lève qui prépare la table et les autres débarrassent. Alors j'ai ouvert les placards, le frigo, j'ai mis les bols, le pain, la confiture et le beurre sur un plateau et j'ai apporté le tout dans le salon. Puis j'ai attendu les autres parce que chez nous, on ne mange jamais seul.

Stéphanie est rentrée. Elle est allée dans la cuisine. Je l'ai suivie.

– Tu viens manger ?

Pas un mot.

Je suis retournée attendre au salon. Lorsque Simone est enfin sortie de sa chambre, elle m'a dit :

– Va manger maintenant.

– Oui, ça y est, c'est prêt, j'ai mis la table.

– Non, non, Stéphanie et toi, vous prenez le petit

déjeuner dans la cuisine. Mais je ne veux pas vous entendre parler.

J'ai pris le pain, le beurre et j'ai regagné la cuisine, comme une enfant qui obéit.

– Stéphanie, tu peux me montrer comment on prépare le thé ?

Pas de réponse.

Je suis allée demander à Simone. Elle est venue dans la cuisine, elle a ouvert le placard de droite.

– Voilà, ici, c'est vos assiettes. Tout ce qui est dans l'autre placard, tu n'y touches pas.

Elle est repartie. J'ai sorti un bol, j'ai mis de l'eau à chauffer.

– Stéphanie, tu as mangé ou non ?

Pas un mot.

– Tu as faim ?

Rien.

Mon thé bu, je suis allée retrouver Simone.

– Bon, tu vas laver la salle de bains, tu ranges le salon, tu fais mon lit et après j'aurai autre chose.

J'ai nettoyé la salle de bains et le salon. Pendant que je faisais le lit de Simone, Jo dormait, il n'a pas bougé.

– Bon, maintenant, habille-toi, on va faire des courses.

Dehors, il faisait un froid épouvantable. J'ai cru que j'étais malade parce que je soufflais de la vapeur blanche. Mais tout le monde en faisait autant. J'avais mis un bonnet, une écharpe et des gants et malgré ça, mes ongles et mes oreilles me pinçaient douloureusement.

Nous avons acheté des fruits, des légumes, puis nous sommes entrées dans une boucherie. J'ai regardé avec étonnement ces enfilades de poulets, déjà tout déplumés et vidés, suspendus à des crochets. Chez nous, le plus souvent, on achète les animaux vivants pour les tuer à la maison.

À notre retour, Jo prenait une douche, Stéphanie était dans la cuisine. J'ai rangé nos achats.

Puis je me suis assise et j'ai pris une orange dans la corbeille de fruits, comme j'aurais fait à la maison.

– Tu n'as pas le droit d'en manger.

C'était la voix de Stéphanie. Un simple murmure, à peine audible. La toute première phrase que j'entendais sortir de sa bouche.

Surprise, j'ai reposé le fruit. Tout ici me semblait tellement bizarre. Mais lorsque Simone est entrée dans la pièce, je lui ai demandé :

– Je peux prendre une orange ?

– Non, tu ne touches pas aux fruits.

Son mari est sorti de la salle de bains.

– Bonjour, monsieur.

– Alors, comment ça va ?

Il devait avoir une quarantaine d'années, pas très grand, les épaules tombantes. Il avait un visage doux. Et il m'a parlé gentiment, d'une voix un peu fluette.

– On va aller au magasin, je vais te montrer comment ça se passe, le rangement, le ménage...

Nous sommes allés tous les deux au Faubourg-

Saint-Martin en voiture. Jo m'a montré l'arc de Saint-Denis.

– Tu vois, il a été construit il y a plus de trois siècles, en l'honneur du roi Louis XIV. Ça te dit quelque chose ?

Rue Saint-Denis, j'ai vu des femmes habillées d'une drôle de manière. Malgré le froid, elles portaient des jupes si courtes qu'on apercevait leur culotte. J'avais un peu honte pour elles, surtout que beaucoup étaient africaines.

– Pourquoi elles sont habillées comme ça ?

– Elles travaillent.

– Hein ? Quel travail ?

– Tu sais bien, elles racolent les hommes...

– Ah, ce sont des putes...

Chez nous, il y en a aussi, bien sûr, mais elles sont plus discrètes, elles ne sont pas exposées sur le trottoir comme des marchandises.

Dans le magasin, j'ai fait la connaissance de la mère de Jo, très gentille. Elle m'a montré ce que je devrais faire, comment ranger les vêtements que les clients sortent, comment passer la serpillière. Ensuite, elle m'a acheté un croissant.

Vers quatre heures, Jo m'a raccompagnée à la Porte Dorée. Il m'a déposée au pied de l'immeuble. Simone était seule à la maison.

– J'ai vu la mère de ton mari au magasin.

– Je t'interdis de parler à cette sorcière !

J'étais étonnée, elle ne m'avait pas du tout fait l'impression d'une sorcière.

– Et si elle te donne à manger, tu refuses. Compris ?

C'était la première fois que je voyais Simone réagir aussi violemment. Lorsque le sourire tombait, elle prenait une grosse voix et un air féroce, on aurait dit une lionne qui rugissait.

– D'accord, je ne savais pas.

– Bon, viens, on va chercher Maoli.

Elle m'a montré le chemin de l'école, mais rapidement, en voiture, et je faisais des efforts pour mémoriser les rues. Maoli nous attendait devant la grille. Simone m'a fait entrer, elle m'a présentée à la concierge pour dire que je viendrais chercher sa fille. Puis nous sommes ressorties.

– Prends le cartable de Maoli.

Une fois à la maison, Simone m'a expliqué ce que je devrais faire :

– Tu lui donnes son goûter quand elle rentre, tu ranges, puis tu l'aides à faire ses devoirs.

Nous nous sommes installées sur la table du salon, Maoli a sorti ses cahiers à carreaux. Elle a travaillé avec application, en mordillant le bout de son stylo pour réfléchir. Les devoirs finis, elle a pris un bain, puis je lui ai préparé son dîner. Simone m'avait prévenue :

– Maoli est un peu difficile avec la nourriture. Tu n'as qu'à lui faire des frites, elle adore ça.

Après le dîner, Maoli a disparu dans sa chambre. Simone est venue me montrer ce que nous devions manger, Stéphanie et moi, tous les soirs de la semaine : poulet, semoule et tomates en boîte.

Le repas préparé, j'attendais Stéphanie pour me mettre à table, comme c'est l'usage en Afrique. Simone est entrée dans la cuisine :

– Ça y est ? Tu as fini ?

– Non, j'attends Stéphanie.

– Non, Stéphanie rentrera tard, Jo aussi. Dépêche-toi, j'ai encore des choses à te montrer pour demain. C'est toi qui emmènes Maoli à l'école.

– Et moi, quand je vais commencer l'école ?

– Oh là là ! tu viens à peine d'arriver, il faut que je m'occupe de ton inscription, on n'y entre pas comme ça. On verra plus tard.

Le lendemain matin, j'ai entendu Stéphanie sortir, mais je me sentais trop fatiguée pour bouger.

Simone a passé la tête dans notre chambre.

– Hé, il est sept heures, il faut que tu te lèves. Dès que Stéphanie a fini sa douche, tu y vas.

Mais j'étais à peine sous la douche qu'elle a frappé à la porte.

– Tu as cinq minutes, ne traîne pas.

Je me suis habillée à la hâte.

– Va préparer le petit déjeuner.

Nous sommes parties dans la nuit noire. Maoli m'a montré le chemin, je portais son cartable. Au retour, je me suis trompée trois fois de porte avant de trouver la bonne.

Comme la veille, j'ai dû nettoyer la salle de bains, le salon, la chambre. Ensuite, Simone m'a montré un grand cagibi dans lequel elle entreposait toutes les conserves et la nourriture qu'elle rapportait d'Afrique.

– Je veux voir comment tu ranges.

Il a fallu que je vide les étagères, que je nettoie et que je remette tout en ordre. Comme j'avais réussi le premier test, elle m'a confié la cheminée qui était toute noire. Elle m'a sorti un tas de vieux chiffons et de produits.

Ensuite j'ai préparé le repas de midi. Elle voulait une purée de piments et elle m'a expliqué le fonctionnement du mixeur, pour les prochaines fois. Elle a trouvé que je me débrouillais mieux que Stéphanie. J'ai eu le temps de manger un peu.

Puis nous sommes sorties. Elle m'a montré les magasins Ed et Shoppy où j'irais faire les courses, la laverie automatique. J'essayais de me rappeler le chemin.

À quatre heures et quart, je suis allée chercher Maoli. J'avais peur de me perdre, tous les carrefours se ressemblaient. Mais j'ai trouvé l'école sans problème.

Au retour, je me suis assise sur un tabouret dans la cuisine. Simone est arrivée.

– Pas la peine de t'asseoir, tu as du travail. Tu vas me ranger les placards de la cuisine, tu passes l'aspirateur et tu prépares le dîner.

Le soir, j'ai mis la table pour cinq dans le salon.

– Qu'est-ce que c'est que tout ça ?

– Ben, je mets la table.

– Tu enlèves deux assiettes. Stéphanie et toi, vous mangez dans la cuisine. Je croyais que c'était clair. Et vous n'avez pas le droit de toucher ces assiettes. Les vôtres sont là où je t'ai montré hier.

J'ai emporté les deux assiettes. Je me sentais mal, j'étais prise d'une sorte de nausée. Elle n'avait pas le droit de me parler comme ça.

Je suis revenue au salon.

– Je ne veux plus rester ici. Je veux retourner chez moi, en Afrique. Je me suis trompée.

Je m'attendais à tout sauf à la voir éclater de rire. Un rire sonore et plein de sarcasme, à gorge déployée. Je ne la reconnaissais plus.

– Parce que tu t'imagines que je t'ai acheté un billet pour que tu viennes passer deux jours ici ? Il va falloir travailler pour me rembourser le billet avant de penser à repartir.

Elle a ri encore. Je la regardais. Les larmes ont coulé sur mes joues. Je ne savais plus où j'en étais.

– Ce n'est pas ce que je voulais. Si le problème, c'est le billet, ma mère fera tout pour le rembourser.

Elle ne m'a pas répondu. Et comme j'insistais, elle m'a aboyé :

– Tu vas rester là longtemps à pleurnicher ? Va dans la cuisine.

Je suis retournée dans la cuisine et j'ai éclaté en sanglots. Je pensais à ma mère, à mes frères et sœurs, aux repas que nous prenions tous ensemble le soir.

Vers dix heures, Stéphanie est rentrée. Elle m'a

trouvée en larmes sur un tabouret. Elle est restée un moment silencieuse, puis elle a murmuré :

– Ce n'est vraiment pas la peine de pleurer. Ce n'est que le début...

J'ai levé les yeux.

Mais soudain Simone a surgi dans la pièce. Elle a attrapé Stéphanie par le bras, elle l'a secouée en criant :

– Vous n'avez pas le droit de dire un seul mot dans la cuisine ! Je ne veux pas vous entendre parler !

La méchanceté déformait ses traits, ses yeux étaient exorbités. Soudain, elle m'a fait peur. Jamais encore je n'avais vu de gens capables de changer aussi brutalement. Dans ma naïveté, je ne croyais pas possible de dissimuler aussi habilement son vrai visage. Simone que j'avais vue si souriante et chaleureuse à Lomé, voilà qu'elle se mettait à crier sans raison. On la sentait prête à donner des coups. Sous le choc, j'ai dit « d'accord » et elle a entraîné Stéphanie dans le couloir.

Ce soir-là, impossible de dormir. Lorsque Stéphanie est venue se coucher, elle n'a pas osé m'adresser la parole. De toute façon, je n'avais pas la force de parler non plus, j'étais trop occupée à pleurer. Mais tard dans la nuit, j'ai entendu sa voix :

– Arrête de pleurer.

Mes sanglots ont redoublé. Simone a ouvert la porte de notre chambre, elle a sifflé que j'allais réveiller sa fille.

– Va chialer dans la cuisine !

J'ai passé deux ou trois heures sur un tabouret sans pouvoir arrêter le flot de mes larmes. Puis Simone est venue me dire que ça suffisait et que je devais aller me coucher.

Le lendemain matin, dès le lever, je lui ai dit :

– Il faut que j'appelle mon père et ma mère. Ils te diront qu'ils vont te rembourser le billet. Je veux retourner chez moi.

J'avais les yeux tout enflés. Je ne voulais rien faire. Elle m'a dit de laver la vaisselle, j'ai refusé, elle m'a dit de faire le lit, j'ai refusé, elle m'a dit d'aller manger, j'ai refusé. Je ne voulais qu'une chose, parler à mes parents.

Alors elle s'est radoucie.

– Voilà ce que je te propose : tu manges un morceau, après on sort et tu vas appeler ta famille.

– D'accord.

J'ai séché mes larmes. J'avais faim, mais je n'ai rien pu avaler, mon estomac était noué.

– Ça y est, tu as mangé ?

– Oui. On peut aller appeler mon père ?

– Attends, on va dehors.

Direction la rue du Faubourg-Saint-Martin. À peine entrée dans le magasin, j'ai dit à Simone :

– Il faut que j'appelle maintenant.

– Non, pas tout de suite. Quand on sera à la maison.

Jo est venu à notre rencontre.

– Pourquoi elle a les yeux enflés ? Elle est malade ?

– Non, elle veut rentrer chez elle.

– Pourquoi tu veux rentrer ?

– Parce que je me suis trompée. Je ne voulais pas partir. Je ne peux pas rester loin de mes frères et sœurs.

Il est allé me chercher un chocolat chaud, il m'a posé des questions sur ma famille, puis il m'a donné une jupe.

– Bon, écoute, tu vas discuter de tout ça avec ta tante.

Il s'est tourné vers Simone.

– Pas la peine qu'elle reste là. Elle n'est pas en état de travailler.

Simone m'a renvoyée à la maison.

– Et mon appel ?

– Ce soir, quand on rentrera.

Jo m'a préparé un plan, avec toutes les directions, puis il m'a accompagnée jusque sur le quai du métro. Je l'ai suivi comme une aveugle. Je suis bien descendue à République pour le changement, comme il me l'avait dit, mais j'avais les idées si confuses que je me suis aussitôt perdue dans les couloirs. J'avais la sensation d'étouffer. Je me suis mise à tourner en rond dans ce labyrinthe de tunnels, chaque vague de foule m'entraînait dans une nouvelle direction, j'essayais de demander mon chemin, mais les gens passaient comme des flèches, me bousculaient.

J'ai erré sous terre pendant près de deux heures. Heureusement, Jo avait inscrit le numéro du magasin sur le papier. J'ai fini par trouver une cabine, une dame m'a laissée utiliser sa carte. C'est Jo qui a décroché.

– Je suis à République.

Il m'a dit de retourner sur la ligne Galliéni et de l'attendre sur le quai. J'ai réussi à trouver et, quelques minutes plus tard, je l'ai vu arriver sur le quai d'en face. Il a fait le tour puis il m'a accompagnée jusqu'à la maison.

Le soir, quand Simone est rentrée, je n'avais rien préparé, rien touché. Je n'avais qu'une idée en tête : rentrer chez moi. Ne pouvant rien obtenir de moi, elle a été obligée de me laisser téléphoner à mon père.

Elle a composé le numéro et m'a passé le combiné. Mais elle est restée à côté de moi. J'ai eu mon père. J'étais tellement contente de l'entendre que j'en ai bafouillé.

– Henriette ? C'est toi ? Tu vas bien ?

– Oui, je vais bien. Je veux juste rentrer.

– Quoi ? Déjà ? Mais ce n'est pas possible, tu n'as encore rien vu de la France. Pourquoi veux-tu rentrer ?

– Je ne savais pas que tout le monde était enfermé ici. Je n'ai que le droit d'aller dans la cuisine...

Simone a coupé la ligne.

Froidement, elle a appuyé sur l'interrupteur.

– Allô, allô ?

Mon père avait disparu.

– Pourquoi tu ne m'as pas laissée lui parler ?

Pas de réponse.

Elle m'a renvoyée dans la cuisine. J'étais accablée. Peu après, le téléphone a sonné. Elle a décroché. J'étais presque sûre que c'était mon père, mais même en tendant l'oreille, je n'ai pas entendu ce qu'elle disait. Quand je l'ai vue arriver, j'ai cru qu'elle venait me chercher pour lui parler. Mais la conversation était déjà terminée.

– Ton père dit que tu restes ici.

– Ce n'est pas possible ! Ce n'est pas vrai ! Il faut que je lui reparles. Il faut que je lui explique... Et ma mère ?

– Elle n'était pas là. Bon, maintenant, écoute-moi une bonne fois pour toutes. Je t'ai amenée à Paris pour travailler et tu vas travailler ou alors ça va être la guerre entre nous. Et je te garantis que tu n'es pas de force. Le mieux, c'est que tu m'obéisses parce que tu n'as que moi ici.

Elle a quitté la pièce. En apprenant que j'étais condamnée à rester, je me suis effondrée sur un tabouret. J'y suis restée longtemps, je n'attendais plus rien, je pleurais comme une madeleine.

Au bout d'un moment, elle est venue me dire de me lever. Elle m'a tirée mais elle a eu beaucoup de mal à me décoller de mon siège. J'étais plus lourde qu'un âne mort.

Elle a finalement réussi à me ramener dans le salon.

– Tu vas regarder la télé un moment et après on va causer.

Elle a allumé la télé.

Aussitôt, je me suis levée pour éteindre.

– Non, il faut qu'on discute maintenant parce que moi je veux rentrer en Afrique ! Si mon père a dit que je dois rester, je veux l'entendre de sa bouche. Ou alors tu me passes ma mère.

– Ton père a dit qu'elle était au village et qu'il allait la contacter dès que possible. Il rappellera bientôt. De toute façon, c'est décidé, tu restes.

Les trois ou quatre jours suivants, j'ai attendu avec impatience que mon père se manifeste. Je ne pouvais pas l'appeler, car Simone ne me lâchait pas.

Le dimanche, le téléphone a sonné. C'est elle qui a décroché.

– Henriette ! Viens parler à ton père.

J'ai sauté de joie. Je me suis saisie du combiné. Elle a branché le haut-parleur.

– Allô, je rentre ?

– Mais qu'est-ce que tu racontes ? Simone m'a dit que tu étais très contente.

– Mais non, je n'ai jamais dit ça, ce n'est pas possible... Au contraire...

– Elle m'a dit que tu étais ravie, que tu travaillais bien.

– Mais non, elle t'a menti...

Ma gorge se serrait, les mots restaient étranglés. Aussitôt, Simone en a profité pour s'emparer du téléphone.

– Allô ? Oui, elle pleure encore de temps en temps parce qu'ici tout est si différent. Question d'habitude. Et puis ses frères et sœurs lui manquent...

Et elle s'est mise à débiter toutes sortes de banalités en m'ignorant complètement.

Je commençais seulement à ouvrir les yeux, au bout de six jours. J'étais tombée dans un piège et il me faudrait bien plus d'un coup de fil pour me tirer d'affaire. J'ai regagné la cuisine en traînant les pieds pendant que Simone continuait sa conversation. Dans ma tête résonnaient les paroles de mon père avant mon départ. « Si tu ne te plais pas en France, tu n'auras qu'à appeler, je te ferai revenir. » Il avait promis. Et maintenant que je demandais à rentrer, il ne m'écoutait pas. Comment pouvait-il m'abandonner ? Pourquoi ne tenait-il pas sa promesse ? Si je ne pouvais pas compter sur mon propre père, qui viendrait me sauver ?

Quand Simone a eu fini, elle est venue dans la cuisine. Je n'ai pas entendu ce qu'elle me disait. Puis j'ai compris qu'il fallait que je m'habille, qu'on allait sortir avec Maoli. Nous sommes allées dans un grand parc à côté de la Porte Dorée. Il y avait beaucoup d'enfants qui s'amusaient. Simone a fait deux photos de moi avec sa fille, devant l'aire de jeux.

– Je vais les envoyer à ton père.

Maoli est partie jouer. Nous sommes restées une heure assises sur un banc. Je ne réagissais plus. J'avais froid. J'essayais de réfléchir. Que faire ? De toute façon, la parole de Simone prévaudrait toujours sur la mienne. Depuis Lomé, mon père était loin de se douter de la situation. Il se fiait entièrement à Simone, la sœur d'Yvonne, la femme d'affaires parisienne. Et de toute façon je vivais en France, donc la vie était belle.

Mais j'étais incapable de raisonner. Toute mon enfance, j'avais vécu adossée à la force de mon père, comme à un colosse qui me protégeait. Et soudain ce colosse s'écroulait. C'était comme une certitude d'enfance qui se déchirait brusquement. J'essayais vainement de me persuader que je n'avais pas parlé à mon père, que j'avais eu affaire à une autre personne...

Au retour, je ne protestais plus. À tout ce qu'elle me disait, je répondais « oui », sans même savoir de quoi elle parlait. J'ai fait couler le bain pour Maoli puis j'ai fait la cuisine, j'ai mis leur table.

C'était un dimanche. Jo était allé passer la journée chez sa mère. Le soir, à son retour, j'ai servi le dîner.

– Alors, Henriette, tu vas bien ?

– Oui.

Plus tard, je finissais de débarrasser quand Stéphanie est rentrée. Nous étions seules dans la cuisine.

– Où tu étais toute la journée ? lui ai-je demandé à voix basse.

– J'ai vendu des vêtements chez les gens des ambassades.

– Quoi ? Quelles ambassades ?

J'avais élevé la voix. Simone est apparue sur le seuil, une assiette de frites à la main. Folle de rage, elle nous les a jetées à la figure.

– Toi, je t'ai interdit de parler à Henriette ! Et toi

aussi, il va falloir que tu m'écoutes ! La prochaine fois que je vous surprends à bavarder toutes les deux, tu vas voir.

Elle a entraîné Stéphanie.

Plus tard, au moment de se coucher, Stéphanie a reparu. Elle m'a fait penser à un robot. Elle n'a plus ouvert la bouche. Simone l'avait peut-être frappée. À cause de moi. Je me suis demandé comment elle faisait pour supporter ça, et depuis combien de temps.

La semaine suivante, Simone a pris soin de ne pas me surcharger de travail. Je devais surtout m'occuper de Maoli, qui était en vacances. En contrepartie, j'étais très rarement seule. Une fois pourtant, j'ai tenté d'appeler Lomé, seulement je n'avais pas les indicatifs pour l'étranger, ni pour le Togo, je ne connaissais même pas le numéro des renseignements en France. Et puis le plus souvent, j'étais avec Maoli, et j'avais peur qu'elle me dénonce si elle me voyait en train de téléphoner.

Pourtant la petite n'était pas du genre bavarde. En fait, elle ne m'adressait pratiquement jamais la parole. C'était une fille dure, repliée sur elle-même. En revenant de l'école, elle filait tout droit dans sa chambre ou bien elle s'installait sur le canapé du salon et regardait la télé, sans dire un mot.

– Tu ne veux pas goûter ?

Ses yeux restaient fixés sur l'écran.

– Tu as faim ?

Elle hochait la tête.

– Qu'est-ce que tu veux ?

Pas de réponse. Alors je lui mettais quelque chose à manger sur la table. Parfois elle le prenait, parfois elle n'y touchait pas.

Je me posais des questions. À huit ans, les enfants jouent, sautent, crient, font bêtise sur bêtise. Maoli était une statue vivante. Elle ne parlait pas, ou à peine à sa mère lorsqu'elle rentrait. Je ne la voyais presque jamais sourire. Le soir, pour la faire rire, Simone la chatouillait. Alors Maoli esquissait un sourire crispé, ou bien elle piquait une crise, se mettait à hurler et disparaissait dans sa chambre en criant à sa mère qu'elle ne voulait plus la voir. Ce n'était pas une parole en l'air : plusieurs fois, Maoli a subtilisé la clé de Simone et l'a enfermée dans sa propre chambre. Simonc a fini par enlever la clé. Elle n'avait pas l'air de trouver ça bizarre mais quand je pensais à ma mère, à ses mains si douces, j'avais du mal à comprendre.

Un soir, je finissais de me laver les cheveux quand Simone a fait irruption dans la salle de bains.

– Regarde, c'est dégoûtant, tu as laissé des cheveux dans le bac à douche. Ils sont trop longs, je vais te les couper. Tu iras plus vite pour te coiffer le matin.

– Non ! C'est toujours ma mère qui s'occupait de mes cheveux.

– Ne t'inquiète pas, ça va repousser. Allez, assieds-toi là, je vais chercher les ciseaux.

Elle s'est mise à l'ouvrage à grands coups de

ciseaux et de peigne. Je regardais les mèches tomber sur le sol. Lorsque je me suis relevée pour me regarder dans le miroir, j'ai été horrifiée. Elle m'avait coiffée comme un garçon, mais avec des trous un peu partout. Je suis restée un long moment à me dévisager. Je ne me reconnaissais plus.

Les vacances de février touchaient à leur fin. Un jour, j'étais à la maison avec Maoli quand, exceptionnellement, Stéphanie est rentrée tôt, avant Simone. Elle m'a dit de venir à la cuisine. Je l'ai suivie, laissant Maoli devant ses dessins animés.

– Lorsque Simone est là, ne m'adresse pas la parole. Tu fais comme si je n'existais pas.

Et là, elle s'est mise à me parler d'abondance, par à-coups, avec une sorte de précipitation, comme lorsque l'eau jaillit d'un robinet après une longue coupure. Elle parlait à voix basse, avec toujours un œil inquiet sur la porte d'entrée.

Sa famille l'avait donnée très jeune à la mère de Simone, à Lomé. Elle avait travaillé chez elle pendant des années, maltraitée, puis Simone l'avait emmenée en France. Au début, Stéphanie était folle de joie à l'idée de partir. Pourtant, connaissant Simone, elle savait plus ou moins à quoi s'attendre. Pas question d'aller à l'école ni même de demander un salaire.

– Avant toi, il y avait une autre fille. Simone l'a renvoyée au Togo avant que tu arrives.

– Comment elle s'appelait ?

– Phoebé.

En entendant ce nom, je me suis rappelé ce que m'avait dit ma tante Bénédicte. Pour me dissuader de partir avec Simone, elle m'avait parlé d'une fille qui était chez elle à Paris et qui était revenue les mains vides. Phoebé. J'étais la remplaçante de Phoebé. Tout en écoutant Stéphanie, mon esprit s'était envolé auprès de ma tante, je croyais réentendre ses mises en garde.

– Le matin, je me lève à six heures, et je ne rentre pas avant vingt-deux heures à la maison.

Toute la journée, Stéphanie faisait la tournée des ambassades africaines pour y proposer des vêtements. Elle montrait les habits, les laissait aux clientes intéressées et notait leur nom. Puis elle repassait régulièrement pour récupérer cent ou deux cents francs, et pour montrer de nouveaux articles. Le soir, en rentrant, elle devait encore faire les comptes avec Simone avant de pouvoir manger un morceau, ranger et dormir un peu, pour se lever à six heures du matin. Et ça tous les jours, même le dimanche. Pas une journée de repos.

J'écoutais Stéphanie. De temps en temps, je hochais la tête, je disais « ah bon ». J'étais tellement surprise que je n'ai pas pensé l'interrompre pour lui poser des questions. Jusqu'à présent, je n'avais pas idée de ce qu'elle faisait dans la journée. Le matin, quand je me levais, elle était souvent déjà partie. Je tombais des nues. J'avais encore en tête les promesses de Simone à Lomé et j'avais du mal à imaginer qu'elle puisse traiter quelqu'un de cette manière. Bien sûr, en Afrique, je savais ce que voulait dire pour une jeune fille d'aider à la maison, préparer les repas, s'occuper des frères et sœurs. Mais faire tout ce que faisait Stéphanie, et sans recevoir le moindre salaire !

Lorsqu'elle a eu terminé, je n'ai trouvé qu'une seule chose à lui dire :

– Pourquoi tu es restée ? On n'a pas le droit de te faire travailler comme un animal. Pourquoi tu es restée ?

Elle ne m'a pas répondu. Elle a peut-être eu peur d'en avoir trop dit, peur que j'aille tout répéter à Simone. Ou bien mon étonnement lui a laissé à penser que je ne croyais pas un mot de ce qu'elle venait de me raconter.

Elle s'est tue. Puis elle est retournée dans la chambre.

Après quelques secondes, je l'ai suivie. Elle était en train de sortir les vêtements d'un gros sac.

– C'est vrai tout ce que tu m'as dit ? Ce n'est pas possible de traiter quelqu'un comme ça. Et comment elle est partie Phoebé ?

Silence. Elle venait de s'épancher longuement et tout à coup plus rien, pas un mot. Le visage fermé, elle a continué de trier les vêtements avec des gestes mécaniques.

Lorsque Simone est rentrée, je lui ai posé la question qui me tenait à cœur :

– Quand est-ce que je vais aller à l'école ?

Elle n'a rien répondu. Elle s'est contentée de filer droit dans notre chambre.

– Stéphanie, qu'est-ce que tu as raconté ?

– Rien, j'ai rien dit.

Elle s'est tournée vers moi.

– Je t'ai dit quelque chose ?

– Non, je t'assure, Simone, elle ne m'a rien dit.

Là, soudain, j'ai compris que Stéphanie ne m'avait pas menti. Tout était vrai. Comment expliquer sinon la réaction de Simone ? Pourquoi s'était-elle précipitée pour accuser Stéphanie ? C'était bien qu'il y avait quelque chose à cacher.

– Pour la dernière fois, Stéphanie, qu'est-ce que tu lui as raconté ?

– Mais rien.

Simone lui a donné une claque. Stéphanie a porté la main à sa joue, tout en se protégeant vaguement de son coude levé. J'ai pris peur et je me suis mise à pleurer.

– Elle ne m'a rien dit. Elle vient à peine d'arriver et moi j'étais dans le salon avec Maoli. On ne s'est pas parlé.

La petite arrivait, attirée par les cris. Du coup, Simone m'a prise par la main et nous sommes sorties de la chambre, laissant Stéphanie seule.

– Pourquoi elle pleure, Henriette ? a demandé Maoli.

C'était la première fois qu'elle prononçait mon nom.

– À cause de Stéphanie.

Elle m'a expédiée dans la cuisine pendant qu'elle allait dans le salon s'occuper des devoirs de sa fille.

Plus tard, Simone est venue me dire de manger mais je n'avais pas faim. Je perdais rapidement du poids. Je n'avais plus d'appétit, je pouvais rester toute une journée sans rien avaler.

– Il faut que tu manges, tu vas tomber malade et je n'ai pas d'argent pour te soigner. Ici tout est cher et je ne peux pas t'emmener à l'hôpital.

– Pourquoi je ne peux pas aller à l'hôpital ?

– Tu n'as pas tes papiers.

– Je n'ai pas mes papiers ?

Je ne comprenais pas. Au Togo, je n'avais jamais eu besoin de papiers. C'était un mot que je découvrais.

– Pourquoi je n'ai pas de papiers ?

Elle n'a pas répondu. De toute façon, l'important, pour moi, ce n'était pas ces « papiers », c'était de savoir quand j'irais à l'école.

– Avant de manger, je veux que tu me dises quand je vais aller à l'école.

– Il faut que tu attendes septembre prochain. Parce que l'année est commencée. Je vais t'inscrire à l'école et tu iras l'année prochaine.

Elle a quitté la pièce. Septembre, c'était encore loin. Et puis pouvais-je croire Simone ? Je n'avais pas retrouvé mon appétit. Je suis restée un moment le nez dans mon assiette. Lorsqu'elle est revenue, je n'avais toujours rien touché. Elle m'a dit de poser mon assiette sur le comptoir, elle a sorti une assiette décorée, du service dans lequel nous n'avions pas le droit de manger, Stéphanie et moi. Et elle m'a servi un peu de leur propre repas. Mais l'assiette ni la nourriture ne changeaient rien à l'affaire. Je ne pouvais rien avaler. Je pensais à ce que m'avait dit Stéphanie. Je pensais à Phoebé. Et à Simone que je croyais connaître et qui n'était plus la même. J'étais bloquée.

– Force-toi un peu. Qu'est-ce que tu as mangé aujourd'hui ?

– Rien.

Elle est allée prendre un fruit dans la corbeille. Elle a pris une orange, comme celle que j'avais voulu manger à mon arrivée.

– Tiens, prends...

– On n'a pas le droit, c'est toi qui me l'as dit.

– Oui, mais aujourd'hui je te la donne. Vas-y.

J'ai pris l'orange parce que j'adore les fruits.

Le lendemain matin, Simone m'a réveillée à six heures moins le quart, au lieu de sept heures ! Je n'y comprenais rien, j'étais encore dans mon sommeil. Quand elle est revenue voir où j'en étais, elle m'a trouvée debout au milieu de la chambre.

– Remue-toi, va prendre ta douche.

– Là, en pleine nuit ?

– C'est le matin, va prendre ta douche.

Je suis allée dans la salle de bains. J'ai commencé à me laver. Au bout de trois minutes, elle a frappé à la porte :

– Fais vite, sinon il n'y aura plus d'eau chaude pour les autres.

J'ai arrêté l'eau, encore couverte de savon. Je suis sortie de la douche, j'ai commencé à m'habiller.

– Qu'est-ce que tu fabriques ? Ça fait déjà cinq minutes que tu es dans la salle de bains, tu n'as pas encore fini ?

Je n'ai pas répondu et j'ai enfilé mes vêtements en vitesse. En sortant, je suis allée dans la cuisine pour préparer le petit déjeuner de Maoli avant qu'elle se réveille.

– Bon, maintenant, tu prends ce sac et tu viens.

Je l'ai suivie dans notre chambre. Elle a prélevé une trentaine de vêtements sur le chariot et dans le placard. Puis elle m'a donné un cahier et m'a demandé de tout noter.

– Combien il y a de pantalons ? Combien de vestes ? De quelle couleur ?

J'ai énuméré tous les vêtements.

– Il faut que tu les marques dans le cahier.

J'ai tout noté. Au fur et à mesure, je les pliais dans le grand sac. Puis j'ai pris mon manteau et nous sommes parties ensemble. Stéphanie prenait sa douche. Ce jour-là, ce serait elle qui s'occuperait de Maoli.

Nous sommes montées dans la voiture.

– Tu regardes bien le chemin parce qu'à partir de demain, tu vas y aller en métro et si tu te perds, les policiers vont te demander tes papiers et ils vont t'enfermer.

– Encore cette histoire de papiers ? Pourquoi ils vont me demander mes papiers ?

– En France, il faut avoir ses papiers, c'est comme ça.

– Mais quel genre de papiers ?

– Une pièce d'identité.

– Ah, mais alors tu as mon passeport.

– Non, parce que le passeport, c'est bon pour entrer, mais ça ne suffit pas pour rester.

– Alors pourquoi tu ne me donnes pas d'autres papiers ? Et pourquoi on m'arrêterait moi, puisque c'est toi qui dois t'en occuper ?

– Non, ça ne marche pas comme ça. C'est toi qu'ils vont mettre en prison. Parce que c'est toi qui n'as pas de papiers. Moi, ils ne me connaissent pas. Et de toute façon, je dirai que je ne t'ai jamais vue.

J'ai regardé le chemin jusqu'à ce qu'on arrive devant l'ambassade du Kenya. Elle s'est garée le long du trottoir.

– Tu vas aller dans cet immeuble. Il y a trois bureaux, tu prends la porte de gauche. Dis que tu viens de la part de Simone.

Je suis entrée dans l'ambassade et j'ai posé le sac au milieu du hall. Puis je suis retournée à la voiture.

– Je n'ai pas trouvé.

Simone a poussé un soupir puis elle est descendue de voiture. Elle m'a accompagnée jusque dans les bureaux.

– Demain, tu viendras seule, ne compte pas sur moi pour te montrer.

Une dame nous a accueillies.

– Sissi, qu'est-ce que tu nous apportes de beau ?

Simone m'a présentée comme sa nièce. Ensemble, nous avons fait tout l'immeuble. Je sortais les vêtements du sac, les tailleurs, les jupes, les robes, les manteaux. Les femmes ou les hommes regardaient, essayaient, choisissaient. Je devais noter dans mon cahier ce qu'ils gardaient, ou bien s'ils voulaient voir une autre taille, une autre couleur. Simone m'aidait.

– La prochaine fois, tu feras tout. Quand tu ne connais pas leur nom, tu leur demandes de l'écrire eux-mêmes et, à côté, tu marques la commande.

Nous avons visité quatre ambassades. Kenya, Tanzanie, Guinée, Mali. Simone avait ses clients réguliers, elle savait où étaient leurs bureaux. Tout le monde la connaissait, chacun lui faisait la bise.

À deux heures de l'après-midi, nous avons fait une pause, le temps d'avaler un bout de saucisson et un morceau de pain. Après deux nouvelles ambassades, nous sommes retournées au magasin parce que nous n'avions plus grand-chose à montrer.

À la fermeture de la boutique, nous sommes rentrés à la Porte Dorée. C'était Jo qui conduisait.

– Alors, Henriette, tu as vu Paris ? Ça te plaît ?

– Non.

– Pourquoi ?

Il m'a jeté un regard dans le rétroviseur.

– C'est juste que ce n'est pas pareil chez moi.

À la maison, Stéphanie avait déjà préparé le repas. Je me suis approchée d'elle, dans la cuisine. Je croyais de plus en plus qu'elle m'avait dit la vérité. J'ai fait attention de chuchoter.

– Tu vas tous les jours aux ambassades ?

– Oui.

– Et ces gens-là, tu ne leur as jamais parlé ? Tu ne leur as pas demandé de l'aide ?

Elle m'a regardée. Puis elle a souri. Sans rien dire.

Je n'ai pas compris. Depuis mon arrivée à Paris, je ne l'avais encore jamais vue esquisser le moindre sourire.

– Pourquoi tu as souri ?

Je me suis tue parce que je commençais à hausser la voix. Comme elle savait que Simone écoutait souvent à la porte, elle m'a fait signe de me taire.

Au moment même où elle me faisait « chut », Simone a ouvert la porte.

– Qu'est-ce que vous manigancez, toutes les deux ? Et toi, Henriette, pourquoi tu sursautes ?

– Rien, je ne m'attendais pas à ce que tu ouvres la porte.

Elle a regardé fixement Stéphanie. Puis elle est repartie.

Stéphanie n'a plus dit un mot. Moi non plus.

Puis Simone m'a appelée pour préparer les sacs.

– Bon, tu as vu comment on faisait ? Demain, tu iras toute seule, en métro.

– Je ne peux pas. Je ne connais pas le chemin.

– Je vais te montrer sur le plan.

– Même avec un plan, je suis sûre que je n'y arriverai pas.

– Bon, alors demain, Stéphanie va t'accompagner. Elle te montrera le trajet en métro.

Le lendemain matin, je m'apprêtais à partir avec Stéphanie. Le sac pesait une tonne, je pouvais à peine le soulever. Stéphanie m'a aidée.

– Tu ne prends pas le sac ! lui a crié Simone. Il faut qu'elle le porte parce que demain elle ira toute seule.

J'ai traîné le sac dans l'escalier et nous sommes sorties. J'avais du mal à marcher, les poignées du sac me sciaient la main.

– Stéphanie, tu peux m'aider maintenant.

– Non, elle te voit de là-haut. Et tu ferais mieux de te taire. Elle va savoir que tu me parles.

Je m'arrêtais tous les vingt pas, je posais le sac, je soufflais dans mes doigts puis je continuais. Nous avons traversé la rue. Une fois dans l'escalier du métro, Stéphanie a pris une poignée du sac. Simone ne pouvait plus nous voir.

– Pourquoi tu ne parles pas aux gens des ambassades ? Ils ont l'air gentils.

– Ce sont ses amis. Tout ce que tu leur diras, ils vont le lui répéter. Ne leur parle jamais. De quoi que ce soit. Tu montres les habits, et tu rentres.

– Sinon ?

– Elle va te taper.

– Elle te tape souvent ?

– Oui. Moins depuis que tu es là.

– Depuis combien de temps tu es là ?

– Ça va faire la onzième année.

– Onze ans ! Tu n'as pas envie de rentrer chez toi ?

– C'est où, chez moi ? Je ne sais même pas où est ma mère, si elle vit encore...

J'ai posé le sac dans le couloir du métro. Comment un être humain pouvait-il ne pas savoir où était sa mère ? Ne pas avoir une seule personne à contacter, pas une adresse où écrire, un numéro de téléphone ? Moi, j'avais au moins ma famille, donc un espoir. Mais je ne pensais plus à moi. Je regardais Stéphanie en pensant à tout ce qu'elle avait pu subir pendant ces années.

– Quel âge as-tu ?

– Vingt-deux ans.

– Ça veut dire que tu es avec Simone depuis l'âge de... depuis...

J'étais tellement choquée que je n'arrivais pas à calculer.

– Je ne sais pas, je devais avoir onze ou douze ans. Mais avant je travaillais chez sa mère.

– Tu as commencé quand ?

Elle ne se souvenait plus bien. Tout ce qu'elle savait, c'est qu'elle était toute petite.

– Quatre ans peut-être.

Les larmes m'ont brouillé la vue. J'imaginais une fillette de quatre ans en train de lessiver le sol. Stéphanie me faisait pitié. J'en ai oublié que j'avais envie de rentrer chez moi. Son sort me préoccupait davantage.

– Tu es allée à l'école ? Tu sais lire ?

Elle a secoué la tête.

– Et tu n'as personne en Afrique ?

– Non.

– Je vais appeler mon père et puis on va partir ensemble à Lomé.

Elle a ri. Mais j'étais sérieuse, je le pensais vraiment. Et je me suis mise à aimer Stéphanie.

Souvent, j'avais plus de chance qu'elle parce que Simone m'accordait des petits plaisirs qu'elle lui refusait. Elle n'avait jamais droit à un fruit ou à un yaourt, alors que Simone m'en offrait parfois. Je les gardais pour les donner en cachette à Stéphanie.

Le soir, depuis quelque temps, nous nous couchions dans l'autre sens, non plus pieds contre pieds, mais tête contre tête. Et parfois, tard la nuit, lorsque Maoli dormait profondément, nous parlions un moment, en chuchotant.

– Elle t'a promis de l'argent pour ton retour ?

– Non.

– Phoebé est bien repartie en Afrique. Pourquoi Simone ne nous ramène pas, nous ?

– Parce qu'elle n'a encore trouvé personne pour nous remplacer.

C'était devenu son seul espoir. Que Simone trouve une autre fille pour la remplacer.

– Moi, je ne peux pas rester. Ce n'est pas ça, la vie.

Je ne me faisais plus beaucoup d'illusions sur Simone. Il fallait partir, au moins tenter quelque chose. Mais sans argent, c'était difficile. Lorsque je descendais faire des courses, Simone vérifiait toujours les tickets de caisse et la monnaie que je lui rapportais. Une fois, elle m'avait même renvoyée chez Ed avec tous les sacs parce qu'il manquait cinquante centimes. À nous deux, Stéphanie et moi, nous n'avions pas de quoi acheter un timbre et une enveloppe.

– Qu'est-ce qu'on peut faire ? Il faut que je téléphone à mon père. Tu connais l'indicatif pour Lomé ?

– Je ne te conseille pas d'appeler de la maison. Simone le saura tout de suite. Elle a un téléphone qui affiche tous les numéros appelés dans la journée.

– Comment elle s'y est prise, Phoebé ? Peut-être que si on faisait mal notre travail...

– Quand tu fais une bêtise, elle te tape. Et elle ne te ramènera pas tant qu'elle n'aura pas trouvé quelqu'un d'autre. Si tu ne veux pas prendre de coups, tu as intérêt à lui obéir.

Les semaines suivantes, je partageai mon temps selon les besoins de Simone. Le matin, j'emmenais Maoli à l'école, puis je revenais faire le ménage, ou j'allais aider au magasin, ou bien je faisais la tournée des ambassades en traînant mon sac dans le métro. J'étais de retour pour aller prendre Maoli à la sortie de l'école, puis je travaillais à la maison.

Quand je sillonnais Paris, je ne voyais rien de la ville. Vingt, trente fois, je sortais de ma poche le plan que m'avait donné Simone, je cherchais les plaques de rue. Elle m'avait interdit de demander mon chemin, et en tout cas jamais aux hommes. De toute façon, avec mon manteau gris muraille et mes cheveux mités, j'aimais autant raser les murs, j'évitais les regards. Je ne pensais qu'à mes ventes : si je faisais une bonne journée, au moins Simone me sourirait.

Un jour, j'avais fait trois ambassades et je me dirigeais vers la quatrième lorsque je suis tombée sur des policiers dans les couloirs du métro. Mon père étant inspecteur, j'avais souvent eu l'occasion de parler à des policiers. Alors malgré tout ce que m'avait dit Simone, je me suis approchée d'eux.

– Bonjour, messieurs. Je voudrais savoir pourquoi vous enfermez les gens qui n'ont pas leurs papiers ?

Ils ont échangé un regard et ils ont rigolé. Puis ils se sont éloignés. Qu'est-ce qu'il y avait de si drôle dans ma question ? Je les ai suivis du regard jusqu'à ce qu'ils disparaissent au bout du couloir.

J'ai repris le métro. Mais au lieu d'aller à l'ambassade, je me suis rendue au magasin, rue du Fbg-Saint-Martin. Simone était là.

– Tu m'as raconté n'importe quoi. J'ai vu des policiers, ils n'ont même pas pensé à me demander mes papiers. Ils s'en fichaient complètement.

Aussitôt, elle m'a attrapée par la main et m'a tirée hors du magasin, toujours avec mon sac. Nous sommes rentrées à la maison. Là, elle a levé la main pour me frapper.

J'ai reculé.

– Si tu me tapes, je vais le dire à mon père. Je ne sais pas comment, mais je lui dirai.

Elle est restée interdite, la main levée.

– Disparais de ma vue avant que je change d'avis. Dépêche-toi de retourner à l'ambassade. Si tu n'as pas tout vendu à ton retour, tu n'auras rien à manger.

J'ai repris mon sac, j'ai démarché deux ambassades. À la troisième, j'ai demandé à voix basse à une femme.

– Pourquoi il faut avoir ses papiers ?

– Parce que tu es à l'étranger. Tu dois avoir un document qui prouve qui tu es et depuis quand tu es ici.

– C'est tout ?

J'avais toujours du mal à comprendre pourquoi ces papiers étaient si importants. Quand je suis rentrée, j'ai fait le compte des habits vendus avec Simone. Lorsque nous avons eu fini, elle m'a dit que la dame avait appelé, comme quoi je l'avais interrogée à propos des papiers.

– Si je t'envoie vendre les habits, ce n'est pas pour que tu fasses la conversation. Tout ce que tu diras aux gens, ils me le répéteront. Pourquoi as-tu posé des questions sur les papiers ?

– Mais parce que tu m'avais dit que les policiers allaient m'attraper. Je leur ai parlé dans le métro, et ils ne m'ont pas emmenée. Ils ne m'ont rien demandé. Et tu ne m'as pas donné d'explication.

– Que ce soit la dernière fois. Ne me parle plus de ces papiers. Tu vas où je te dis d'aller, tu fais ce que je te dis de faire et point final. Compris ?

– Compris.

Et j'ai oublié quelque temps l'histoire des papiers.

Simone n'a plus jamais essayé de lever la main sur moi. Je savais que je le devais à mon père. Stéphanie, elle, n'avait pas cette chance. Et Jo lui-même n'échappait pas aux coups de temps à autre.

Jo n'était pas méchant, mais il était très faible. Simone le menait par le bout du nez. Pour moi qui venais d'Afrique, où les hommes savent dire non et s'y tenir, pour moi qui gardais en tête l'image de mon père et de ses nombreuses maîtresses, Jo était une source d'étonnement. Simone le dominait de la tête et des épaules. Lorsqu'elle le couvrait d'insultes, il répondait sur un ton geignard :

– Oui, Sissi, je sais, tu as raison...

Un soir, ils dînaient au salon devant la télé, Stéphanie et moi étions dans la cuisine. Ils ont commencé à se disputer. Au début, je n'ai pas entendu ce qu'ils disaient. Puis Simone a crié :

– Ton problème, c'est que tu es encore dans les jupons de ta mère ! Tout ce qu'elle te propose, tu es d'accord, et quand c'est moi, c'est toujours non.

– Mais Sissi, maman a juste dit que...

Tout à coup, on a entendu un grand raffut. C'était le plateau-repas qui valsait par terre. Simone a attrapé Jo par le collet, elle l'a traîné dans le couloir, elle a ouvert la porte et elle l'a jeté sur le palier.

– Ne remets plus les pieds ici !

Et elle a claqué la porte.

Le lendemain, Jo a appelé de chez sa mère.

– Allô, Sissi chérie...

Il la suppliait de le laisser revenir. Mon dieu qu'il était bête ! Au bout d'une semaine, Simone allait encore lui taper dessus ou le jeter.

Jo avait plutôt un bon fond, même si je n'aimais pas sa façon de m'appeler « la petite Togolaise ». J'avais l'impression qu'il s'était engagé dans un piège, comme moi. Tout ce que sa femme disait, il le faisait. Il partait tôt le matin au magasin, il y travaillait toute la journée, il revenait tard, il mangeait, il s'affalait dans son canapé pour regarder la télé. Quand il était fatigué, il allait se coucher dans son lit séparé et le lendemain il repartait. Un vrai bébé. Souvent, il avait l'air triste, mais il ne pouvait pas se passer de Simone.

C'était elle qui portait la culotte. Elle aussi qui tenait les cordons de la bourse. Le soir, pendant que Jo était vautré devant la télévision, nous nous réunissions dans sa chambre. Simone était assise dans son lit, en chemise de nuit, le dos contre un coussin. Stéphanie et moi étions debout devant elle, avec nos cahiers.

– Montre-moi le tien, Stéphanie. Qu'est-ce que tu as vendu aujourd'hui ?

Elle examinait le cahier.

– Compte-moi les habits qui restent.

Sur sa calculette, elle faisait le total des versements reçus.

– Donc tu dois me donner quatre mille cinq cents francs.

C'était un chiffre moyen. En période de fêtes, nous pouvions rapporter jusqu'à dix mille francs chacune. Stéphanie lui tendait une liasse de billets et de chèques. Elle vérifiait. Mais il n'y avait pratiquement jamais d'erreur. Et lorsqu'il y en avait une, elle était vite résolue. Simone nous faisait tellement peur que l'idée même de tricher ne nous effleurait pas.

Puis c'était mon tour. Je sortais ce qui restait dans mon sac et je l'accrochais sur une tringle. Puis je lui passais mon cahier où, la veille, j'avais noté la description et le prix des vêtements. En face s'inscrivaient le nom de l'acheteuse et éventuellement le montant du premier versement.

– C'est bon.

Quand nous rapportions beaucoup d'argent, elle était de bonne humeur. Stéphanie et moi retournions dans la chambre. Il fallait ranger les invendus, sortir de nouveaux vêtements à présenter aux clientes et montrer à Simone tout ce que nous emportions.

– J'ai dix pantalons, trois robes, cinq jupes....

Elle nous donnait les prix.

– Les chemises cent cinquante, cet ensemble deux mille...

On notait dans nos cahiers. Puis on posait les sacs dans l'entrée, prêts pour le matin.

J'ouvrais la garde-robe de Simone, elle choisissait le tailleur qu'elle porterait le matin.

– Avec mes chaussures marron. Quoi, tu ne les as pas cirées ? Il faut tout te dire ? Tu n'as pas encore compris comment ça marche dans cette maison ?

Pendant ce temps, elle avait rassemblé tout l'argent. Elle glissait une partie dans une enveloppe.

– Ça, c'est pour Jéhovah.

Elle le posait sur la table de chevet.

– Merci Jéhovah pour tout ce que Tu as donné.

Il était environ onze heures du soir. Stéphanie partait faire la vaisselle, je m'occupais de la machine à laver le linge. Elle passait l'aspirateur, je faisais le repassage, car dans la journée, nous n'avions presque jamais le temps.

Vers une heure du matin, parfois deux, nous allions enfin nous coucher.

Parfois, Simone partait en voyage d'affaires au Togo, en Côte-d'Ivoire ou même au Canada. Nous étions alors seules avec Jo et Maoli. Mais elle nous avait prévenus :

– Vous n'allez pas rester à la maison à vous tourner les pouces. Je vous donne du travail et on fera les comptes à mon retour.

Et c'est vrai que ça ne changeait pas grand-chose à notre routine. Jo se risquait à inviter un ami ou deux pour boire un verre à la maison. Sa mère nous envoyait parfois des plats tout préparés, ce qui nous libérait de la corvée des repas, Stéphanie et moi.

Un soir, Jo est venu nous chercher dans la cuisine. Il nous a dit de venir au salon regarder la télé. Jamais il n'aurait osé nous le proposer en présence de Simone.

Nous avons regardé un film. À la fin, nous nous sommes levées, nous allions partir.

Mais Jo nous a retenues.

– Vous ne trouvez pas que je suis bête ?

J'ai pouffé, Stéphanie a hésité une petite seconde avant d'éclater de rire. Jo nous a regardées un moment sans comprendre. Puis il s'est mis à rigoler aussi.

Je riais si fort que j'ai couru me réfugier dans la chambre. Stéphanie m'a rejointe, nous étions toutes les deux prises de hoquets.

Le lendemain soir, Jo nous a encore invitées à regarder un film à la télé. Pendant la publicité, il nous a dit :

– Écoutez, je vous propose une chose... Vous savez comment est Simone. Eh bien, si vous intervenez quand elle me frappe, moi aussi, je vous défendrai. Comme ça, on serait trois contre elle.

J'ai essayé de garder mon sérieux.

– Pourquoi vous ne vous défendez pas quand elle vous donne des coups ?

– Je ne peux pas ! C'est mon bébé !

– C'est votre bébé et vous voulez qu'on la frappe à votre place ? a demandé Stéphanie.

Il n'a pas répondu.

– Pourquoi vous acceptez tout ça d'elle ?

– Bon. D'accord. À son retour, je vais lui parler. Il faut que ça change.

Quelques jours plus tard, Simone est rentrée de voyage. Au bout d'une semaine, la bagarre a éclaté. Stéphanie et moi, nous étions assises dans la cuisine, porte fermée, nous attendions qu'ils finissent pour débarrasser.

– On va voir s'il lui tient tête, ai-je soufflé.

Simone n'a pas tardé à hausser le ton. Nous avons entendu la voix de fausset de Jo.

– D'accord, Sissi, d'accord, mais...

– Quoi « mais » ? Sors d'ici, tu m'énerves, je ne veux plus te voir !

Nous, on riait sous cape.

– Doucement, il y a les filles dans la cuisine !

– Je me fous des filles ! Dégage !

– Non, arrête ! Sissi ! Arrête !

Elle l'a tiré dans le couloir. Ils étaient juste à côté, devant la porte d'entrée. Stéphanie et moi, nous nous tenions les côtes de rire, mais en silence, nous n'osions pas faire de bruit.

– Sors d'ici ! Je ne veux plus te voir.

– D'accord, Sissi, très bien, je m'en vais, mais je te préviens, si je pars, je pars avec les filles !

Là, on n'a pas pu se retenir. J'ai cru que mon ventre allait se déchirer.

– J'en peux plus !

Et nous avons éclaté de rire, pliées en deux.

– Si je sors, j'emmène les filles !

Il avait une voix de bébé. Et un enfant de trois ans n'aurait pas pu se défendre de façon plus pitoyable. Il savait bien qu'elle ne nous laisserait jamais partir, que la première à faire un pas dehors prendrait un coup sur la tête.

Simone a ouvert en grand la porte de la cuisine :

– Qu'est-ce que vous avez à rigoler, vous deux ?

Derrière elle, on a vu Jo, tout penaud et transpirant à grosses gouttes, qui retenait d'une main la ceinture de son pantalon.

Alors là, on ne s'est plus gênées. Stéphanie en a roulé de son tabouret. J'avais des larmes aux yeux.

Simone s'est retournée vers Jo. Et elle a explosé de rire à son tour.

– Tu es un pauvre con, Jo ! Tu es vraiment un pauvre con !

Et finalement on avait le droit de rire, on riait toutes les trois à s'en décrocher la mâchoire.

Jo est entré dans la cuisine, il a pris la main de Stéphanie et la mienne.

– Venez les filles, on s'en va !

Mais Simone était morte de rire, elle n'en pouvait plus.

Jo nous a lâchées :

– Regarde-les, c'est elles qui sont méchantes !

Et il a détalé comme un lapin dans la chambre pour que Simone ne le flanque pas dehors. Elle l'a suivi.

– Jo ! Ouvre-moi !

– Tu me promets que tu ne vas pas me jeter dehors, chérie ?

– Ouvre ou je te promets que je te jette.

Il a ouvert la porte. Simone nous a donné l'ordre de débarrasser. La récréation était terminée.

Plus tard, il est venu nous rejoindre dans la cuisine. Les trois esclaves étaient réunis.

– Tu vois, c'est grâce à nous si elle ne t'a pas jeté dehors. La prochaine fois, il faudra nous défendre...

Et il a tenu parole. Un jour que Simone voulait frapper Stéphanie, Jo est intervenu pour la première fois :

– Ne les tape plus, Sissi, tu peux leur crier dessus, mais ne les tape plus...

Et c'est ainsi qu'au fil des semaines, malgré tous nos soucis, nous trouvions encore le temps de rire. Nous nous disions qu'après tout, nous n'étions pas les seuls à souffrir et que la position de Jo n'avait rien d'enviable.

J'avais déjà passé près de cinq mois chez Simone. Un jour, j'étais seule à la maison avec Maoli lorsqu'une femme a appelé. Je n'ai pas saisi son nom. Elle avait un fort accent.

– Allô ? Vous voulez parler à Simone ?

– Non, je veux parler à ma fille...

– Votre fille ? Désolée, vous vous êtes trompée de numéro.

Et j'ai raccroché. Presque aussitôt, le téléphone a resonné. C'était la même femme. Elle m'a donné le numéro qu'elle demandait.

– Oui, c'est bien ici, mais il doit y avoir erreur...

– Non, non, je suis la mère de Maoli. Je veux lui parler.

Je suis restée un moment sans voix.

– La mère de Maoli ? Mais sa mère, c'est Simone.

– Non, non, je suis sa mère.

Je ne pouvais pas lui passer Maoli parce que son histoire était trop incroyable. J'ai cru à une mauvaise blague et j'ai raccroché.

Simone est rentrée.

– Sissi, il y a une dame qui a appelé. C'était bizarre, elle a dit qu'elle était la mère de Maoli et elle voulait lui parler. Elle avait un accent.

– Tu lui as passé Maoli ?

– Non.

– Tu as bien fait. C'est une folle.

– Mais c'est qui ?

– Une Américaine. Surtout ne lui passe jamais Maoli. C'est bien compris ?

Quelque temps plus tard, un après-midi, j'étais seule à la maison, je me préparais à aller chercher Maoli à l'école, quand la même dame a appelé.

– Ne raccrochez pas, je vous en prie, je suis la mère de Maoli.

– Alors expliquez-vous un peu, parce que pour moi, la mère de Maoli, c'est Simone.

– Je suis américaine et j'ai été mariée avec le frère de Simone. Nous sommes divorcés depuis des années... Maoli est ma fille.

– Je ne peux pas vous croire.

– Lorsque j'ai demandé le divorce, le frère de Simone me l'a enlevée et je ne savais pas où la joindre. Mais aujourd'hui j'ai gagné mon procès et on m'a autorisée à revoir ma fille...

J'hésitais encore. Pour moi, Maoli avait toujours été la fille de Simone. D'un autre côté, je trouvais que cette femme se donnait beaucoup de mal, je ne voyais pas pourquoi elle aurait inventé une histoire pareille. Mais elle pouvait aussi déformer la vérité :

qui sait si elle n'avait pas abandonné autrefois sa fille, pour la réclamer aujourd'hui ? Même dans ce cas, pourtant, elle avait droit à une seconde chance...

– Écoutez, Maoli n'est pas encore là, je dois aller la chercher à l'école. Rappelez demain à cinq heures. Si vous tombez sur moi, je vous la passerai.

Je suis descendue prendre Maoli à l'école.

Nous marchions côte à côte sur le trottoir. Je la regardais de biais, sans trop savoir par où commencer. D'abord parce que je n'étais pas sûre d'obtenir une réponse. Et puis j'avais peur qu'elle aille tout répéter à Simone.

– Maoli, est-ce que tu as une autre mère ?

Elle n'a rien dit.

– Je te pose la question parce qu'il y a une femme qui a appelé, ça fait deux fois. Elle dit qu'elle est ta mère. Elle ne parle pas bien le français.

– Oui.

– Tu voudrais lui parler ?

– Non.

Nous avons traversé la rue et continué notre chemin.

– Et si je ne dis rien à Simone, tu veux bien lui parler ?

Elle est restée un long moment silencieuse. Puis elle a murmuré :

– Oui. Mais tu ne vas pas le répéter, tu me le promets ?

– Promis. Et toi, tu ne diras rien à ta mère ? Je veux dire à Simone ?

– Simone n'est pas ma mère.

J'étais presque sûre qu'elle ne me dénoncerait pas. Le soir, quand Simone est rentrée, elle n'a rien dit.

Le lendemain à cinq heures, l'Américaine a appelé. J'ai tout de suite reconnu sa voix.

– Je vais chercher Maoli. Maoli, c'est ta mère !

La petite a pris le téléphone.

– C'est toi, maman ?

Aussitôt, elle s'est mise à pleurer. Elle que j'avais toujours connue si dure, si renfermée, voilà que soudain elle pleurait à chaudes larmes.

Elles ont parlé un long moment ensemble. Je n'entendais de leur conversation que ce que disait Maoli :

– Oui... Oui... Oui...

Puis :

– Oui, je veux bien te voir...

Et finalement :

– Tu me rappelles ?

Maoli m'a tendu le combiné.

– Faites attention, m'a dit l'Américaine. Je veux pouvoir parler à ma fille de temps en temps. J'essaie d'obtenir l'autorisation de la faire venir aux États-Unis...

– On n'a pas le droit de priver une petite fille de sa mère. Si vous tombez sur moi, je vous la passerai.

J'ai raccroché. Maoli était rayonnante.

– C'est ma maman, elle va me rappeler !

Je n'avais jamais vu ses yeux briller comme ça.

Même si elle devait tout répéter à Simone, j'avais fait le bon choix.

Pourtant, lorsque Simone est rentrée, la peur m'a reprise. Heureusement, Maoli n'a rien dit. Pendant toute la semaine, chaque fois qu'elles étaient ensemble, je m'inquiétais. À tout moment, la petite risquait de jeter la nouvelle au visage de Simone, par colère ou par curiosité. Elle n'en a rien fait. J'ai compris alors que cette histoire la travaillait depuis longtemps. Elle devait savoir que Simone n'était pas sa mère, mais elle ignorait tout de sa vraie mère. Et Simone se gardait bien de lui expliquer la situation.

Certains jours, lorsque l'Américaine appelait, elle tombait sur Simone, qui lui raccrochait au nez. Mais ça la mettait en rogne et elle s'en plaignait à moi.

– Il y a encore la sorcière qui vient d'appeler !

– Quelle sorcière ?

– Cette femme !

– Pourquoi tu l'appelles sorcière ? Tu la connais ?

– Oh, toi, ne me fatigue pas avec tes questions...

J'avais prévenu l'Américaine. Le meilleur moment, c'était un peu avant cinq heures, lorsque Maoli rentrait de l'école, avec moi le plus souvent. Ainsi, la petite a pu parler régulièrement à sa mère.

Un jour, pour la première fois, Maoli m'a apporté un beau dessin de l'école.

– Tiens, je l'ai fait pour toi.

Il y avait un personnage dans un coin et, tout à fait à l'autre bout, une pile de sacs et de livres. C'était signé Maoli, pour Henriette. Je l'ai remerciée, j'étais très touchée et j'ai rangé le dessin sur mon étagère, dans le placard.

Mais Simone fouillait tout le temps nos affaires et elle n'a pas tardé à tomber dessus. Elle était surprise.

– Depuis quand Maoli te donne des dessins ?

– Avant-hier.

– Mais en quel honneur elle te donne des dessins ? Est-ce qu'elle m'en donne, à moi ?

Elle l'a emporté dans sa chambre.

Le soir, j'ai dit à Maoli :

– Il vaut mieux que tu ne m'apportes plus de dessin parce que Simone n'est pas contente.

– Où il est celui que je t'ai donné ?

– Elle l'a pris.

Maoli est allée trouver Simone :

– Rends-le à Henriette ! Je l'ai fait pour elle.

Simone a commencé par refuser, mais comme la petite insistait, elle le lui a rendu. Et Maoli me l'a redonné, sous ses yeux.

La semaine suivante, Simone a décrété que je ne m'occuperais plus de Maoli. Ce serait Stéphanie qui l'accompagnerait à l'école et irait la chercher. Mais Maoli a fait de la résistance. Le matin, elle s'enfermait dans sa chambre, elle ne voulait pas sortir, il fallait la traîner jusqu'à l'école. Simone a dû renoncer. Du coup, elle levait un peu moins le ton avec moi, en tout cas devant Maoli, qui prenait ma défense.

– Laisse-la, tu es méchante !

La petite était transformée. Elle souriait souvent, elle était plus bavarde, même avec Stéphanie. Le soir, quand elle rentrait à la maison, nous l'entendions chantonner dans sa chambre, ou bien elle poussait des exclamations lorsqu'elle regardait la télé.

Un jour, tandis que la petite dormait, j'ai interrogé Stéphanie.

– Tu savais que Maoli n'était pas la fille de Simone ?

– Non. J'ai déjà eu cette Américaine au téléphone, mais je n'ai pas cru ce qu'elle racontait.

– Pourtant tu es là depuis dix ans. Maoli en a huit. Donc tu l'as bien vue arriver ?

– Oui.

– Elle avait quel âge ?

– Un an peut-être...

– Alors, comment peux-tu croire que c'est la fille de Simone ?

– Eh bien, Simone était partie en voyage au Togo et quand elle est revenue, elle avait la petite...

– Tu ne sais pas comment on fait pour avoir un enfant ? Il faut être enceinte !

– Je ne sais pas, moi, elle avait un bébé, c'est tout. Parce que c'était quand même un petit bébé.

J'ai poussé un soupir d'énervement.

– D'accord ! Maintenant je comprends mieux pourquoi tu ne t'es pas sauvée pendant toutes ces années...

Stéphanie s'est redressée.

– Et toi qui parles si souvent, est-ce que tu peux te sauver, toi ?

Elle avait raison. Et je ne lui en voulais pas de me

répondre ainsi. J'étais même presque contente de la voir s'animer. Depuis quelque temps, je trouvais qu'elle réagissait plus, qu'elle souriait davantage. J'avais moins l'impression de côtoyer une morte-vivante.

Parfois, certains samedis, Simone nous envoyait ensemble porter des habits, parce que les clientes habitaient loin et que les sacs étaient trop remplis. Nous pouvions alors bavarder un moment, assises dans le métro ou sur un banc. J'essayais de faire des projets.

– Si un jour mon père vient en France, parce qu'il est déjà venu pour son travail, alors il va voir comment je vis, il va voir que Simone a menti. Et comme ça il va me ramener en Afrique. Tu viendras avec moi ?

– Tu rêves. Tu ne retourneras pas au Togo. J'étais comme toi au début, j'ai tellement espéré quand je suis arrivée ! Mais maintenant je ne crois plus rien.

La nuit, il m'arrivait, à moi aussi, de rêver. Moi qui avais désespéré de revoir Gisèle en songe après sa mort, chez Simone, je rêvais souvent d'elle, ainsi que de mon frère Charles. Nous étions tous les trois sur le petit pont branlant de Sokodé, ils étaient presque de l'autre côté du fleuve et je n'osais pas les rejoindre. Parfois aussi, je les voyais en France, dans les escaliers du métro. Eux montaient et moi je descendais. Je les reconnaissais, mais c'était trop tard, je n'arrivais pas à les rattraper, je les perdais de vue dans la foule. Ou bien ils étaient sur le quai d'en face et le temps pour moi de faire le tour, le quai était vide. Je ne pouvais jamais leur parler ni les embrasser.

Maoli, elle, a réussi à traverser l'océan pour retrouver sa vraie mère. Un mois environ après le premier appel de l'Américaine, Simone et Jo ont reçu un courrier officiel. Ils avaient ordre d'envoyer Maoli pendant quinze jours aux États-Unis. Il a fallu céder. Comme Simone ne voulait pas la laisser partir seule, elle a fait l'aller-retour pour l'accompagner.

À son retour, elle était pleine de rancœur :

– L'Américaine avait préparé une grande chambre pour Maoli. Avec une armoire à glace et des beaux rideaux. Et moi, après tout ce que j'ai fait pour la petite toutes ces années, elle m'a complètement ignorée.

Dans ma tête, je me disais qu'elle n'avait jamais su s'y prendre avec Maoli, qu'elle ne l'avait peut-être jamais vraiment aimée. Et si elle n'avait pas eu d'enfants, c'était peut-être que Dieu la punissait pour sa méchanceté. Finalement, j'ai dit :

– C'est normal, c'est sa mère après tout.

– Alors tu es avec elle ! Sors de ma chambre !

Deux heures plus tard, elle m'a rappelée.

– Il faut que j'aille choisir un papier peint pour refaire la chambre de Maoli. Range tous les vêtements, sors-moi tout ce bazar. Je vais appeler des ouvriers pour tout changer.

J'ai passé deux jours à déblayer la chambre, vider les placards, trier les vêtements, nettoyer. Plus tard, des ouvriers sont venus prendre des mesures. Dans le salon, ils ont fait tomber un pan de mur et aménagé un placard pour libérer un peu d'espace dans notre chambre.

Tout n'était pas encore fini au retour de Maoli. Elle est revenue enchantée de son séjour aux États-Unis. Sa mère l'avait même emmenée voir le Grand Canyon. Dans sa valise, elle rapportait des tas de gadgets. Elle a fait la distribution.

– Henriette, tu veux cette bague ? Tiens, prends-la.

Mais avec mes gros doigts, je ne pouvais pas l'enfiler. Elle m'a tendu un short.

– C'est ma mère qui me l'a donné pour toi.

Simone n'a rien dit mais plus tard, elle est allée fouiller dans mes affaires pour reprendre le short. Je ne pouvais pas le dire à la petite. Un samedi, nous nous apprêtions à sortir toutes les deux. Maoli m'a demandé :

– Pourquoi tu ne mets pas le short que je t'ai rapporté du Colorado ?

Je lui ai dit que je ne l'avais plus.

– Je sais, c'est Stéphanie qui l'a volé.

– Mais non, regarde, son placard est là. Il n'y a rien.

– Alors je vais demander à Simone de t'en racheter un.

Et pour la première fois, Simone a été obligée de m'acheter un vêtement neuf. Pas un habit qui avait fait trois fois le tour de toutes les ambassades et qu'on me donnait en désespoir de cause.

Jo, qui avait beaucoup d'affection pour Maoli, lui posait souvent des questions sur son voyage.

– Alors raconte, c'était comment, New York ?

Simone s'arrangeait pour changer de sujet.

– Maoli, tu as fait tes devoirs ? Tu veux encore de la soupe ? Si on allait au McDo ?

Désormais, quand l'Américaine appelait, Simone ne pouvait faire autrement que de lui passer sa fille. Mais elle restait à côté d'elle, le haut-parleur branché pour suivre la conversation. Un jour, Maoli s'est mise en colère :

– Tu dois sortir de la pièce, je parle à ma mère.

Simone n'a pas supporté. Lorsqu'elle a quitté le salon, elle avait des larmes sur les joues.

Les vacances approchaient. Simone a demandé à Maoli :

– Tu préfères rester avec nous ou aller aux États-Unis ?

– Aux États-Unis.

– Mais je voulais t'emmener en Afrique, pour voir ta grand-mère.

– Je veux voir ma mère.

Simone était furieuse.

– Tu vois, Henriette, après tout ce que j'ai fait pour elle, elle n'est pas contente. Tiens, vous êtes toutes des ingrates.

Stéphanie et moi continuions nos démarchages dans les ambassades. Côte-d'Ivoire, île Maurice, Djibouti. Sénégal, Zaïre, Tchad. Une fois, Simone nous as emmenées toutes les deux pour installer un stand dans un grand hall. C'était une exposition sur l'artisanat africain à l'Unesco. À l'aéroport, nous avions pris livraison de vêtements africains que Simone avait commandés. Le stand monté, je suis restée toute la journée pour vendre des boubous, des pagnes, des ensembles aux gens de l'Unesco.

Les mois passaient et je n'entendais plus parler de mon inscription à l'école. Je posai la question à Simone.

– Toujours pas de nouvelles de l'école ?

– Non, aucune réponse.

Un jour, au magasin, j'ai demandé à la mère de Jo :

– Combien de temps il faut pour entrer à l'école ?

– Il suffit de s'inscrire et tu y vas.

– Mais il faut attendre la rentrée ?

– Non, tu peux arriver à n'importe quel moment de l'année. Il faut juste travailler un peu plus dur pour rattraper les autres élèves.

Le soir, je n'ai pas pu tenir ma langue.

– Simone, on m'a dit que je pouvais entrer à l'école même en cours d'année.

– À qui tu as parlé ?

Elle m'avait formellement interdit d'adresser la parole à la mère de Jo.

– À quelqu'un.

– Quelqu'un !

C'était encore pire.

– Il ne faut pas parler aux inconnus dans la rue. Parce qu'ici, les gens sont mauvais, ils vont te dénoncer, ou ils vont te vendre, ils vont te couper la tête. De toute façon, je suis une fille de Jéhovah et si tu parles à n'importe qui, Jéhovah me le dira...

Elle a fini par me faire peur et j'ai avoué.

– C'était la mère de Jo.

À partir de cet instant, je ne suis plus jamais allée au magasin. Je ne faisais que les ambassades. Tous les jours à transporter mon gros sac. La fatigue me gagnait. L'entrée à l'école, le seul espoir auquel je m'étais raccroché, était de plus en plus compromise. J'ai décidé de tenir tête à Simone.

– Maintenant, je ne vais plus au magasin, je ne vais plus dans les ambassades tant que tu ne me mets pas à l'école.

– Écoute, j'en ai assez de toi. Puisque c'est comme ça, tu vas rentrer chez toi.

– Très bien.

– On va appeler tes parents.

Elle a téléphoné à ma famille. Elle a parlé quelques minutes puis elle m'a passé mon père.

– Alors, qu'est-ce que j'apprends ? Il paraît que tu n'obéis pas ? Tu n'écoutes rien, tu ne vas même pas à l'école...

– Non, je ne vais pas à l'école. Mais parce qu'elle ne m'a jamais mise à l'école !

– C'est toi qui n'y vas pas. Tu n'en fais qu'à ta tête.

Mon père refusait de me croire. Il m'accusait de

mensonges. J'étais bouleversée. À côté de moi, Simone triomphait. Elle a même lâché l'interrupteur, elle n'avait plus besoin de couper la ligne. Elle avait raconté toute une histoire à mon père et il l'avait crue. Je me suis mise à pleurer. Simone a pris le téléphone et j'ai quitté la pièce. Je ne savais plus quoi faire, mon propre père refusait de m'entendre.

Puis soudain, j'ai fait demi-tour, j'ai arraché le téléphone des mains de Simone.

– Je veux parler à ma mère !

Simone s'est mise à crier :

– Vous voyez comment elle est ! Elle n'obéit pas. Elle n'a aucun respect pour moi.

Mon père :

– Henriette, pas question que tu remettes les pieds au Togo pour le moment. Tu restes à Paris et tu obéis.

J'étais tombée dans le piège que m'avait tendu Simone. Elle a raccroché.

– Voilà, tu voulais parler à ton père, tu lui as parlé. Maintenant au travail.

Toute la journée, je n'ai pas bougé. Elle me disait de faire ceci, je refusais. Elle m'ordonnait de faire cela, je ne répondais plus. Au bout de deux jours, Simone m'a dit :

– Habille-toi. Puisque c'est comme ça, je vais t'emmener acheter quelques affaires et tu vas rentrer au Togo.

Je me suis laissée habiller. Nous sommes allées dans le quinzième arrondissement. C'était une grande tour. Nous avons pris l'ascenseur jusqu'au dix-septième étage. Simone a sonné à une porte. Une femme est venue ouvrir. Elle était enceinte. Je l'ai à peine regardée.

– Fabiola, je te l'ai amenée pour qu'elle t'aide à la maison. Mais il faut me la renvoyer pour quatre heures et demie.

Simone est partie. Je suis restée immobile sur le palier. La femme m'a dit :

– Tu entres ?

Je suis entrée.

– Tu ne veux pas t'asseoir ?

Nous étions au salon, pas dans la cuisine. Je me suis assise.

– Tu es la nièce de Sissi ?

J'ai hoché la têtc.

Elle m'a conduite dans la cuisine.

– Il y a beaucoup de repassage. Tiens, le fer est là.

J'ai repassé jusqu'à quatre heures, sans détacher les yeux de mon travail.

– Bon, arrête maintenant, Sissi t'attend.

– Au revoir madame.

Dès mon retour, je suis allée trouver Simone dans sa chambre :

– Et mes habits ? Tu as dit qu'on achèterait des habits pour que je rentre au Togo.

Pas de réponse. Le soir, après le dîner, elle m'a dit :

– Demain, tu retournes chez Fabiola. Elle va

accoucher d'un jour à l'autre, elle a besoin d'aide. Quand le bébé sera né, tu partiras.

Je suis retournée chez Fabiola. J'ai préparé le repas, j'ai fait le ménage, les courses, j'ai acheté de l'eau, du lait, tout ce qui était lourd. J'ai recommencé le jour suivant et ainsi de suite pendant une semaine.

Le samedi, à mon arrivée, Fabiola n'était pas là. C'était le gardien de l'immeuble qui surveillait les deux enfants, Valentin, cinq ans, et Clémence, trois ans.

– Où elle est ?

– Mme Calmar est à l'hôpital.

Le gardien est redescendu dans sa loge.

À quatre heures de l'après-midi, heure à laquelle je devais partir, j'étais toujours seule. Six heures, personne. Sept heures, Sissi m'a téléphoné.

– Pourquoi n'es-tu pas rentrée préparer le dîner ?

– Fabiola est à l'hôpital, je suis seule avec les enfants.

– Je m'en fiche, tu rentres.

J'ai raccroché. Presque aussitôt, le téléphone a resonné. C'était Fabiola.

– Si Simone t'appelle, dis-lui que je suis à la maternité et que tu dois rester à la maison.

– Elle m'a déjà dit de rentrer.

– Tu ne bouges pas. Je vais la prévenir de mon côté.

J'ai fait dîner les enfants et je les ai couchés. Puis Monsieur est rentré. C'était la première fois que je le voyais puisque les autres fois je partais tôt dans l'après-midi. Il était grand, les cheveux grisonnants, un peu voûté dans son costume sombre qui sentait le tabac. Il a mangé rapidement et il a disparu dans sa chambre.

Je me suis couchée comme j'ai pu dans la chambre des enfants. Le matin, à sept heures, on a sonné à la porte. Je suis allée ouvrir. C'était Simone.

– Tu rentres avec moi.

Et elle m'a attrapée par la manche.

À cet instant, Monsieur est sorti de sa chambre.

– Elle ne part pas. Elle reste ici.

Il m'a saisie par l'autre bras.

– Pas question, elle est à moi, je l'ai ramenée d'Afrique pour moi !

– Non, elle ne sortira pas !

Ils me tiraient chacun de son côté, comme un meuble qu'on se dispute. Je n'avais pas droit à la parole. Étonnée d'abord, un peu effrayée ensuite, je me suis mise à pleurer.

Finalement, je suis restée entre les mains de Monsieur parce qu'il était plus fort que Simone. Il lui a claqué la porte au nez, elle s'est mise à tambouriner et à carillonner.

– Ouvrez, ouvrez, rendez-la-moi !

– Partez immédiatement ou j'appelle la police.

Simone a pris l'ascenseur. Je ne l'ai jamais revue.

Monsieur s'est tourné vers moi.

– Continue ce que tu faisais.

Un peu plus tard, il est parti au travail.

Et je suis restée chez les Calmar.

Le troisième jour, Fabiola était de retour à la maison.

Son mari portait le bébé, j'ai pris la valise et je les ai suivis dans le couloir jusqu'à leur chambre.

Fabiola s'est allongée sur le lit. Ses cheveux frisés et mi-longs étaient ramenés en arrière. Peut-être à cause de la fatigue, sa peau paraissait étrangement terne, comme passée à la cendre.

– Henriette, j'ai donné beaucoup d'argent à Simone pour qu'elle me ramène une fille du Togo et comme elle ne m'a rien amené, je te prends toi, à la place.

C'étaient ses tout premiers mots en revenant de l'hôpital. Je n'ai rien dit, je ne savais pas de quoi elle parlait.

Ensuite elle a dormi jusqu'au soir. Je suis allée chercher Valentin à l'école et Clémence à la crèche.

Le lendemain, la mère de François est passée à la maison. Elle a été très gentille avec moi.

– Mais quel âge as-tu ? Tu es toute petite.

– Seize ans.

– Tu ne les fais pas. Et tes parents ? Où est ta famille ? Ils t'ont laissée venir en France ?

Puis la sœur de François, Catherine, est venue. J'étais dans la cuisine, je donnais à manger aux deux petits. J'avais fait des beignets à l'ananas, comme chez nous.

– Mmm, ça sent bon !

Catherine en a pris un morceau.

– Qui t'a appris à faire ça ? Si jeune et tu sais déjà faire la cuisine ?

– Oui, en Afrique, c'est normal, parce qu'on est souvent à la cuisine avec notre mère.

Catherine et la mère de François sont parties.

Fabiola a fini par sortir de la chambre. Elle m'a appelée au salon. Sous le sourcil froncé, ses gros yeux noirs semblaient presque globuleux. Les lèvres étaient un peu retroussées et lorsqu'elle parlait, sa bouche se tordait facilement.

– Tu fais à manger, tu fais le linge, tu passes l'aspirateur, tu vas chercher les enfants. Et tu restes à la cuisine. Tu ne viens pas au salon sauf si je t'appelle. Tu ne touches à rien sans mon autorisation. Tu ne manges rien si je ne te le donne pas. C'est compris ?

– Oui.

Ça recommençait, et chez des gens que je ne connaissais pas une semaine plus tôt. Cette fois, je me suis dit que j'étais perdue pour de bon. J'ai pensé à Stéphanie qui me disait : « Tu rêves, tu ne retourneras jamais au Togo ». Stéphanie si bête. Stéphanie qui était en France depuis dix ans et qui n'avait rien fait pour s'en sortir. Et tout d'un coup je commençais à croire qu'elle avait raison : on ne pouvait pas s'en sortir.

Fabiola est repartie dans sa chambre.

Dès que j'ai eu un moment, je suis allée dans la salle de bains pour laver mes vêtements. Je ne m'étais pas changée depuis trois ou quatre jours puisque mes affaires étaient restées chez Simone. J'ai lavé mon haut, je l'ai essoré, je l'ai mis sur le radiateur et j'ai attendu qu'il sèche.

Fabiola a frappé à la porte de la salle de bains :

– Qu'est-ce que tu fabriques ?

– J'ai lavé mes habits et j'attends qu'ils sèchent.

Elle est partie dans sa chambre et elle m'a rapporté quelques vieux tee-shirts, tout décolorés par l'eau de Javel. Elle m'en a donné trois, plus deux caleçons longs. Je me suis habillée.

– Tes vêtements, tu les mettras dans la machine à laver. Mais à part, pas avec les nôtres.

Je suis restée avec la petite Alice pendant qu'elle sortait faire des courses. Au supermarché, elle m'a acheté des couverts, une assiette en plastique dur et un verre.

– Tiens, tu mangeras à la cuisine.

Elle avait acheté aussi un paquet de cornflakes :

– C'est ton paquet. Pour le petit déjeuner. Mais fais attention, il faut que ça te tienne un mois, parce que tu n'en auras pas d'autre.

Pour la nuit, on m'a installée dans la chambre du bébé. Ou plutôt dans la petite pièce sans fenêtre que Fabiola appelait la bibliothèque, où Monsieur rangeait ses livres. J'avais un matelas posé à même le sol, mais c'était déjà mieux que mes deux couvertures de la Porte Dorée. Alice dormait dans son berceau à côté de moi. La nuit, lorsqu'elle pleurait, je me réveillais pour la changer, je lui donnais à manger ou à boire, j'essayais de la calmer.

C'était la première fois que je m'occupais d'un

nourrisson et j'ai dû improviser. En tout cas, il ne fallait pas compter sur les instructions de Fabiola. Au début, pourtant, lorsque je baignais le bébé, elle venait me regarder.

– Je n'ai jamais réussi à le faire aussi bien. Comment as-tu appris ?

– Je voyais ma mère laver les bébés de ma grande sœur, alors je fais pareil.

Bientôt, elle ne s'est plus dérangée. Alice passait tout son temps avec moi. Au bout d'un moment, elle ne reconnaissait même plus sa mère. Quand Fabiola voulait la prendre, la petite se mettait à pleurer.

– Qu'est-ce que tu lui as fait ? Elle ne veut plus de moi !

– Je n'ai rien fait de spécial.

Mes journées se ressemblaient toutes.

Le matin, je suis debout à six heures moins le quart. D'abord sortir les habits des trois enfants. Il faut que je me dépêche avant que le bébé se réveille. Je vais dans la cuisine pour m'occuper du biberon d'Alice, je le mets dans le chauffe-biberon, je prépare le petit déjeuner des deux grands. Valentin prend des céréales, Clémence des tartines au miel. Je mets la table dans la salle à manger, je fais chauffer le lait.

Je vais réveiller Valentin et Clémence. Je les habille, je les mets à table, je les sers. Pendant qu'ils mangent, je vais chercher Alice qui crie dans son lit. Pendant que je lui donne son biberon, les autres n'arrêtent pas de défiler :

– Valentin m'a tapé !

– Non, c'est elle qui a commencé !

Je les installe devant un dessin animé. Lorsque Alice a fait son rot, elle somnole de nouveau, je la remets dans son berceau. Il faut que je veille à la toilette et aux préparatifs des deux autres :

– Vous avez pris vos gants ? Ta trousse ? Mets ton manteau.

Ils courent dire au revoir à leurs parents qui sont encore au lit. Parfois, Fabiola me crie :

– Henriette, occupe-toi d'eux ! Je dors !

Je les emmène à l'école, en bas de l'immeuble. Je remonte pour m'occuper d'Alice. Je lui donne son bain, je l'habille puis je la dépose dans son parc, au salon. Elle s'amuse un moment avec ses jouets. J'en profite pour avaler un bol de cornflakes, en prenant bien soin d'économiser le paquet pour tenir tout le mois.

Je vais dans la chambre des enfants. Je fais leur lit, je range les jouets éparpillés aux quatre coins de la pièce, je passe l'aspirateur.

Je retourne à la cuisine. Je prépare le café de François, Fabiola prend des céréales. Je nettoie la table de la salle à manger, j'apporte les tasses, le café et le lait. Monsieur sort, il grignote quelques biscuits.

– Bonjour, Henriette.

Il prend une douche et part vers dix heures. Il monte travailler dans son studio, quelques étages plus haut.

– Au revoir, Henriette.

Nos yeux ne se croisent jamais. Il est comme une anguille.

Je fais la salle de bains. La baignoire, le lavabo, le bidet. Puis la cuisine, les toilettes. Je passe la serpillière dans le couloir et partout où il y a du carrelage.

Alice pleure, elle en a assez de rester seule. Ou bien elle veut boire un peu d'eau. Je la mets sur mon dos, retenue dans un pagne, à l'africaine. Comme ça, je peux continuer mon travail pendant qu'elle se rendort doucement contre moi.

Fabiola se réveille vers onze heures. Elle sort en chemise de nuit. Elle fait l'inspection.

– Là, il y a un coin encore sale. Tu recommences tout.

Elle va prendre son petit déjeuner. Elle allume la télé pour regarder son feuilleton brésilien.

Quand j'ai fini de repasser la serpillière, je dépose Alice dans son berceau pour une courte sieste. Je vais faire le lit de Fabiola. C'est déjà l'heure de préparer le déjeuner parce que Valentin et Clémence rentrent à la maison à midi. Je descends les chercher.

Quand je remonte, Fabiola est dans son bain. Elle écoute la radio, parfois elle m'appelle pour que je lui gratte la plante des pieds avec une pierre ponce.

Je donne à déjeuner aux trois enfants. J'habille la petite, je la mets dans sa poussette et nous raccompagnons les deux grands à l'école. Il est une heure et demie. Je reviens, il faut que j'endorme Alice en lui chantant des chansons.

Je sors de la chambre pour avaler un morceau.

Puis je demande à Fabiola ce que je dois préparer pour le dîner. Du riz, des pâtes, des pommes de terre pour les enfants, des plats africains pour les parents, sans mettre trop de piment parce que Monsieur ne supporte pas. Je fais une soupe, les enfants en prennent un bol tous les soirs. Comme la cuisine est munie d'une porte vitrée, Fabiola peut me surveiller depuis le canapé du salon.

Quand le dîner est prêt, la vaisselle lavée et rangée, je fais le tri du linge sale. Avec les enfants, il y en a une pile énorme. Si je laisse passer une journée, je suis débordée. Je lance la machine.

C'est le seul moment de la journée où je peux enfin aller me laver. J'entre sous la douche.

– Tu n'as pas bientôt fini ? Tu gaspilles l'eau chaude !

Je m'essuie rapidement. Je me rhabille. Je sors le linge, je le mets à sécher.

Je prépare le goûter. Je réveille Alice, sinon elle aura du mal à s'endormir ce soir. Fabiola est sortie faire des courses, ou bien elle est allée faire un tour dans sa maroquinerie de la rue de Rennes. Souvent aussi, elle reste à la maison, elle trie ses papiers dans sa chambre ou regarde la télé.

Je mets Alice dans sa poussette et je descends chercher les enfants. Lorsque Fabiola est là, elle me dit :

– Dis-leur que maman leur fait coucou à la fenêtre.

Quand je passe sur le parvis avec les enfants, elle est là-haut à faire des signes derrière le rideau.

– Dites bonjour à maman.

Souvent, nous allons faire des courses chez Ed ou au Casino. Quand les enfants montent, ils vont voir leur mère dans sa chambre :

– Non, non, ne touchez pas à mes papiers, attention ! Henriette, débarrasse-moi d'eux !

Au bout de trente secondes, les claques partent. Les enfants l'embêtent, elle parle au téléphone, ou bien elle n'entend pas la télé. Ils ressortent en pleurs et avec des empreintes de doigts sur leurs joues à la peau métissée.

Fabiola s'enferme pour être tranquille. Les enfants prennent leur goûter. Puis nous redescendons au square, une heure ou une demi-heure seulement quand il fait trop froid.

Nous remontons. Valentin et Clémence jouent dans leur chambre ou regardent la télé. Je range la cuisine, les enfants ont laissé des miettes partout. Puis je leur donne le bain.

Le soir, à l'heure du dîner, Fabiola s'occupe un peu des deux grands parce que seule je n'y arrive pas. Ils font des saletés partout, sur le tapis, dans le canapé, je dois nettoyer derrière eux, du coup Fabiola est obligée de nourrir Alice. Elle aime autant surveiller les grands. Lorsqu'ils ont fini, elle les expédie dans leur chambre.

Monsieur descend alors de son studio. Il va embrasser les enfants, il regarde les infos, il s'assoit et dîne avec Fabiola s'il n'est pas trop tard. J'ai mis la table, j'apporte le repas. Ils mangent devant la télé. Monsieur veut mettre Arte, Fabiola crie, il finit par céder :

– Tiens, voilà la télécommande ! De toute façon, j'ai fini.

Je débarrasse la table. Fabiola racle le fond de leur assiette et celle des enfants. Elle verse le tout dans mon assiette en plastique. C'est mon dîner. Si le plat n'est pas terminé, ce sera pour le lendemain. Je n'ai droit qu'à leurs restes, tout froids, touchés, peu appétissants. Parfois, je les laisse et, en cachette, je prends une cuisse de poulet ou une tranche de viande dans le frigo.

Je couche les enfants. Clémence et Valentin dorment dans la même chambre, sur des lits superposés. Ils aiment que je leur lise des histoires ou que je leur chante des chansons africaines. Si le père est là, il vient leur donner un bisou. La mère aussi. Puis j'éteins la lumière.

Il est environ neuf heures.

Je fais la toilette d'Alice et je la couche. À neuf heures et demie, dix heures moins le quart, elle dort.

Je charge le lave-vaisselle. Je nettoie la cuisine. Fabiola est devant la télé, Monsieur est remonté dans son studio. Il est onze heures du soir.

L'heure du repassage. La corbeille est haute d'un mètre. Je n'ai pas fini avant une heure du matin. Parfois, Monsieur descend très tard de son studio.

– Arrête de repasser maintenant. Va te coucher.

Je me brosse les dents. Je me réfugie dans la petite bibliothèque. Je tire doucement mon matelas en faisant attention de ne pas réveiller Alice. Parfois la faim me tracasse tellement que je me relève pour aller boire un verre d'eau qui ne suffit pas à calmer mon appétit.

Le soir, très souvent, Monsieur tarde à venir dîner. Fabiola téléphone dans son studio.

– François, tu descends ? J'en ai marre de t'attendre.

François arrive, ils se font la tête.

Du coup, il préfère descendre le plus tard possible, aux alentours de dix heures, lorsque Fabiola a fini de dîner. Elle est déjà repartie dans sa chambre, elle regarde sa télé. Les enfants sont au lit. Monsieur s'assoit au salon. Son couvert est resté sur la table. Je lui demande si je lui sers à manger. S'il ne répond pas, je sais que ça y est, la journée s'est mal passée. Je remplis son assiette. Parfois il mange, parfois il joue avec sa nourriture, il jette sa fourchette par terre, il parle tout seul. Cet homme ne va pas bien.

Parfois, il se met à vociférer, il s'installe dans le canapé, il met la musique à tue-tête. Du Johnny Hallyday. Les voisins ont l'habitude. Souvent, ça réveille les petits. Fabiola me crie :

– Henriette, va voir les enfants, ils pleurent.

J'essaie de les rendormir.

– C'est papa qui a encore mis la musique ?

– Tu peux lui dire de venir me faire un bisou ?

– Je ne sais pas s'il pourra venir ce soir.

Je retourne au salon, je dis à Monsieur :

– Les enfants veulent que vous veniez les embrasser.

Il y va. Au fond de lui, je sens que c'est plutôt quelqu'un de bien. Mais comme Jo, François est très faible. Souvent, j'ai l'impression qu'il se réfugie dans sa solitude pour ne plus voir ce qui se passe à la maison. Il ne m'adresse pratiquement pas la parole. Quand quelque chose ne va pas, si par exemple j'ai mal repassé ses chemises, il se plaint à Fabiola qui se plaint auprès de moi. Pourtant, j'ai une certaine sympathie pour lui : je connais sa femme, je sais ce qu'elle me fait subir. Parfois je me dis que c'est en partie ce qu'il veut oublier. Mais il a sans doute d'autres problèmes dans la tête. En tout cas, je ne comprends pas ce qu'ils font ensemble tous les deux. Ils n'arrêtent pas de se manger le nez. Il en souffre beaucoup. S'il avait eu la chance de tomber sur une autre femme, il aurait pu devenir autre chose. Mais voilà, sa vie est ainsi et, à sa manière, il est aussi prisonnier que moi.

Autant Jo était faible mais calme, autant François peut devenir violent. Quand il est en colère, il crie, il fait du tapage, tellement que les enfants prennent peur. Une fois même, les voisins ont appelé la police, les pompiers sont venus l'embarquer.

Le lendemain de ses colères, lorsqu'il m'ignore, qu'il évite mon regard, je me dis que c'est plus par honte que par mépris. S'il doit me croiser dans le couloir, il baisse la tête, il me bouscule et disparaît sans dire un mot.

Le dimanche, François emmène les enfants à la campagne, chez Mamie, sa mère. Je monte alors faire le ménage dans son studio. C'est une vraie pagaille. Il fait du thé, mais il en renverse beaucoup. Je nettoie le tapis, puis la salle de bains et le coin cuisine. Je range le bureau, tous les dossiers sont pleins de fumée et de cendres de cigarettes.

Lorsque je vais là-haut, c'est un des rares moments où je peux souffler un peu. Je suis enfin seule. Le dimanche, Fabiola reste à traîner en chemise de nuit à la maison et il y a peu de risque qu'elle monte ici. Je m'assieds et, pour me soulager, je fredonne les chansons que me chantait ma mère autrefois.

Enyo, Enyo, Enyo
Mahou nou si a nou
(Tout est bien, tout est bien,
Ce que Dieu a fait pour nous)
Dodi, dodi
Enou nia dé la waké
(Courage, garde espoir
Une aube meilleure viendra)

Alors je ne suis plus à Paris, je suis transportée en Afrique. Je revois ma mère en train de chanter, lorsque, drapée dans son pagne africain, elle allait s'asseoir sur le petit banc de bois contre la maison, à l'heure où le soleil se couche, ou quand elle lavait le linge dans la cour, sous le manguier. Je m'asseyais à côté d'elle et j'essayais de suivre les paroles. Elle riait aux éclats lorsque je me trompais. Je revois notre joie, je ressens toute l'admiration que j'avais pour elle. Les larmes coulent sur mon visage.

Maman, maman, où es-tu ?

Ces chansons, je ne les chante jamais aux enfants, je les garde pour moi, parce qu'elles me rendent trop triste. Parfois je les murmure dans ma tête pour m'encourager, mais je ne les chante à haute voix que dans le bureau de François, en espérant qu'il y aura bientôt des jours meilleurs. Puis je redescends dans l'appartement.

À Noël, Mamie est venue dîner à la maison. On avait mis une belle table, avec beaucoup de vaisselle et des bougies. J'étais à la cuisine. Mamie m'a appelée.

– Prends une assiette et viens t'asseoir avec nous.

J'ai approché une chaise. Devant toute la famille, elle m'a posé des questions.

– Qu'est-ce que tu fais, en dehors de ton travail à la maison ?

– Je vais chercher les enfants, je fais les courses.

– Mais c'est tout ? Tu es tout le temps à la maison ? Tu n'as pas envie de faire autre chose ?

– Si. J'aimerais aller à l'école, apprendre...

– Bon. Tu vas en discuter avec Fabiola. Elle va s'en occuper... N'est-ce pas, Fabiola ?

– Oui, oui, bien sûr.

Mais elle ne m'en a plus reparlé.

Une fois par semaine environ, Nadia venait à la

maison. Nadia est la fille aînée de Fabiola, qu'elle a eue d'un premier mariage avec un autre Français. Un médecin très riche, qui avait son cabinet avenue Foch ou je ne sais où. Nadia avait le même âge que moi. Ce jour-là, j'avais fait un plat africain. Elle est venue me voir, elle m'a demandé comment j'avais appris à faire la cuisine.

– En Afrique, les petites filles passent beaucoup de temps avec leur mère. Elles regardent, elles aident, et à douze ans, elles savent préparer le repas.

Une autre fois, Nadia m'a apporté toutes sortes d'ingrédients pour faire une recette africaine.

– Où tu as trouvé ces légumes ? Et ces épices ?

Je ne les avais jamais vus à Paris.

– Mon père est allé à Abidjan et je lui ai demandé de me rapporter tout ça.

Elle voulait que je l'aide à préparer un plat qu'elle emporterait ensuite chez elle dans un grand récipient. Nous avons fait la cuisine ensemble, en bavardant un peu. Elle m'a dit qu'elle allait passer son baccalauréat.

– Et toi ?

– J'ai arrêté au niveau de la sixième. Et depuis que je suis en France, je ne suis pas allée à l'école.

– Et ma mère, elle ne t'a pas inscrite quelque part ?

– Non.

– Tu sais, c'est ma mère et pourtant je ne pourrais jamais vivre avec elle. Je ne sais pas comment tu fais pour la supporter. Avant toi, il y avait sa sœur,

Kenza. Je l'aimais beaucoup, les enfants aussi. Ma mère lui en a fait voir de toutes les couleurs, alors elle a fini par s'enfuir. Maintenant, elle vit à la Réunion...

Une autre fois, Nadia m'a laissé un sac de vêtements qu'elle ne mettait pas, parce qu'elle avait bien vu que je n'avais rien pour m'habiller. Fabiola m'a dit d'apporter le sac. Elle a pris tout ce qui était bien et m'a laissé le reste.

La semaine suivante, Nadia m'a demandé :

– Tu as essayé les vêtements ? Ils te vont ? Montre-moi.

– Voilà tout ce que j'ai.

– Et le reste ? J'avais mis plein d'autres choses.

– Ta mère les as prises.

Elle a couru voir sa mère.

– Pourquoi tu as pris les affaires ? Je les avais apportées pour Henriette !

– Ton père les a payées assez cher, je les garde pour Clémence ou pour Alice.

Nadia m'a dit :

– Le week-end prochain, je vous emmène, toi et les deux grands. On ira à la foire du Trône.

Le samedi suivant, elle est arrivée toute joyeuse :

– Alors, vous êtes prêts ?

Fabiola lui a montré Valentin et Clémence.

– Ils sont prêts.

– Et Henriette ?

– D'accord, à condition qu'elle emmène Alice.

– Mais maman, ce n'est pas possible ! On va sortir

tout l'après-midi, on va aller dans les manèges. Comment on va faire avec le bébé ? Il va falloir emmener les couches, le biberon, le changer sur place...

– Alors prends les deux grands.

– Mais non, je ne vais pas m'occuper d'eux toute seule. Laisse Henriette venir.

Mais Fabiola n'a rien voulu entendre. Nadia est repartie seule, furieuse. Je suis restée avec les enfants. Après son départ, Fabiola m'a dit :

– Dorénavant, lorsque ma fille vient à la maison, je t'interdis de lui parler.

La semaine suivante, comme d'habitude, Nadia est venue me trouver dans la cuisine. Elle m'apportait de nouveaux ingrédients pour un plat africain. Mais sa mère a fait irruption. Nadia n'avait pas pris d'huile et Fabiola a refusé qu'elle se serve dans le placard. Le ton a vite monté. Nadia s'est fâchée, elle a pris ses affaires et elle a claqué la porte. Je ne l'ai pas revue avant les grandes vacances.

Mes brèves conversations avec Mamie ou Nadia me faisaient réfléchir. Je savais que Fabiola aurait dû m'inscrire à l'école. Un jour, je me suis enhardie à soulever la question.

– Fabiola, je suis avec toi depuis plus de six mois, je travaille tous les jours, je ne vais pas à l'école, tu ne me donnes pas d'argent...

– Pour l'école, il faut juste attendre un peu que Alice grandisse. Tu auras plus de temps libre. Et pour l'argent, je vais en mettre de côté pour toi.

Comme tu n'as pas de banque, il vaut mieux que je le garde.

Quelques mois plus tard, pour voir ce qu'il en était, je lui ai demandé un peu de cet argent pour envoyer à ma mère.

– Ton argent, je te le remettrai quand tu partiras. Si je te le donne maintenant, tu vas tout dépenser, tes frères et sœurs vont réclamer des sous, et tu n'auras plus rien. Crois-moi, c'est la meilleure solution...

Malgré mon inquiétude, je gardais l'espoir de toucher un jour cette cagnotte, je me disais qu'au moins je ne travaillais pas pour rien.

Les jours où je faisais de la cuisine africaine, Fabiola invitait parfois sa copine Orlande. Grande, la peau claire, les cheveux frisés coupés court, Orlande était réunionnaise. Elle avait un salon de coiffure. Lorsque je servais le repas, elle me demandait :

– Et toi, Henriette, tu ne manges pas ?

– Si, mais après, Fabiola va me donner à la cuisine.

Orlande était une des rares personnes que j'avais le droit de faire entrer dans l'appartement en l'absence de Fabiola. Un jour, elle est arrivée en avance, Fabiola n'était pas encore là. Je lui ai ouvert, nous avons parlé de choses et d'autres dans la cuisine. Je lavais les légumes dans l'évier.

Et brusquement, Orlande m'a dit :

– Écoute, Je connais bien Fabiola, depuis très

longtemps. Je sais comment elle peut être. Toi, tu es toute jeune, toute gentille, ça me fait mal de voir comment elle te traite. Si tu veux, je peux t'aider à sortir d'ici.

J'ai continué de laver les légumes, j'ai mis de l'eau à bouillir.

– Surtout ne répète pas à Fabiola ce que je viens de te dire.

Je me demandais si c'était un piège que me tendait Fabiola. Après tout, Orlande était sa meilleure amie ou presque. Elle l'avait envoyée pour me tester.

Je n'ai rien répondu.

Orlande est partie s'asseoir au salon, sans insister.

Au mois de juillet, Fabiola est partie deux semaines en Afrique. Elle avait demandé à son amie de passer à la maison de temps en temps, pour s'assurer que tout allait bien. Je l'ai vue à plusieurs reprises.

– Tu as réfléchi à ce que je t'ai dit l'autre fois ?

Je n'ai encore pas répondu.

– Tu sais, si je fais ça, c'est juste pour t'aider. J'ai vu comment elle traitait sa sœur Kenza, je lui ai dit la même chose qu'à toi. Fabiola lui avait promis des tas de choses : l'école, les papiers, de l'argent lorsqu'elle s'en irait. Au début, Kenza ne voulait pas me croire non plus, mais elle s'est rendu compte que j'avais raison. Ce n'est pas aussi ce que t'a promis Fabiola ?

Je n'osais toujours pas lui faire confiance.

– Je vais dire à Kenza de t'appeler. Elle t'en dira plus que moi.

Quelques jours plus tard, avant le retour de Fabiola, Kenza a téléphoné. J'étais seule avec Alice, les autres enfants jouaient dans leur chambre.

– Allô ? Je suis Kenza, la sœur de Fabiola. Tu es Henriette ?

– Fabiola n'est pas là.

– Je ne veux pas lui parler. Surtout pas. C'est à toi que je veux parler. Orlande m'a tout raconté. Tu peux lui faire confiance, c'est une femme bien. Si j'ai pu m'en sortir, c'est grâce à elle. Je te conseille de faire comme moi.

– Mais je ne peux pas laisser les enfants comme ça, je les aime beaucoup...

– Moi aussi, c'était mon point faible. Mais j'ai fini par partir, parce que Dieu n'aurait pas dû donner des enfants à une femme pareille.

Je n'ai pas poussé plus loin la conversation. Je n'étais toujours pas décidée à partir.

Orlande est revenue.

– Tu as parlé à Kenza ?

– Oui. Elle m'a parlé des promesses non tenues.

– Et alors ?

– Peut-être que Fabiola a changé, peut-être qu'avec moi, elle tiendra ses promesses.

– Bon, tu verras bien. Surtout, ne dis rien à Fabiola...

La nuit, je réfléchissais, je ne savais que penser. Devais-je me fier à Orlande ? Après tout, elle avait beau dire, elle restait l'amie de Fabiola. Et j'avais encore du mal à croire qu'on puisse traiter aussi mal sa propre sœur. Mais je voyais bien que plus les semaines passaient, et plus je subissais d'interdictions : j'étais pratiquement confinée dans la cuisine, je n'avais pas le droit de m'asseoir dans le canapé du salon. Toujours pas d'école à l'horizon, et cet argent dont je n'avais pas encore vu la couleur...

L'été, les deux premières années, nous étions allées à Cabourg, dans une grosse villa en bord de mer prêtée par le premier mari de Fabiola. À peine descendus de voiture, Fabiola et François avaient emmené les enfants faire un tour sur la plage. J'étais chargée d'ouvrir la maison avant leur retour. J'ai poussé les volets, enlevé les toiles d'araignée, passé l'aspirateur et le chiffon à poussière, nettoyé les lavabos. Les derniers occupants avaient laissé la cuisine en désordre : la vaisselle sale était empilée dans l'évier et la nourriture avait pourri dans le frigo. Il m'a fallu tout désinfecter à l'eau de Javel.

Ensuite, j'ai monté les bagages au premier et deuxième étages. J'ai défait les valises, rangé les affaires de toute la famille dans les armoires. En passant sur la terrasse, j'ai eu à peine le temps et l'envie de regarder la mer.

François et Fabiola m'ont laissé les enfants le temps d'aller faire des courses. Valentin et Clémence étaient très excités, ils couraient partout dans la maison, Alice essayait de les suivre dans l'escalier. Puis je leur ai donné un bain.

Lorsque Fabiola et François sont revenus, j'ai rangé les courses puis j'ai préparé le repas du soir.

Après dîner, pendant qu'ils regardaient la télé, j'ai fait la vaisselle. Ici, pas de lave-vaisselle. Ensuite, c'était le coucher des enfants.

Le lendemain, Fabiola a passé des coups de fil. Sa fille Nadia et des amis allaient arriver. Pour moi, ça voulait dire surtout plus de travail pour les repas et plus de vaisselle. Heureusement, Nadia est venue m'aider à la cuisine.

En début d'après-midi, pendant la sieste des enfants, je rangeais la maison, je passais l'aspirateur, je m'occupais du linge, les maillots, les serviettes, le sable partout... François partait pour de longues promenades en compagnie de son appareil photo, Fabiola allait en ville, elle n'aimait pas se baigner. Ou bien ils restaient assis tous les deux sur la terrasse.

Une fois les enfants réveillés, je les emmenais sur la plage devant la maison. C'étaient mes vacances à moi. Pendant deux heures, je pouvais marcher les pieds dans l'eau ou rester assise sans travailler. Je n'avais qu'à surveiller les trois petits et les affaires.

Un ami de la famille est venu passer quelques jours avec nous. Fabiola m'a présentée :

– Voilà Henriette, ma sœur.

C'était un demi-mensonge, puisqu'elle me traitait de plus en plus comme sa sœur Kenza !

Fin août, les vacances se sont terminées. Nous sommes retournés à Paris.

Les enfants ont repris l'école.

Un soir, alors que je rentrais avec eux, j'ai entendu

des cris épouvantables dans la maison. François hurlait. Fabiola était folle de rage.

– Cette fois je demande le divorce !

Elle est passée devant nous et elle est partie en claquant la porte.

J'ai emmené les enfants dans leur chambre. Tout l'appartement empestait le vomi. J'ai ouvert les fenêtres pour aérer, je suis allée dans la chambre où s'était réfugié François. Il avait vomi sur les draps, par terre, il était malade à crever. Il s'est levé péniblement, le temps que j'enlève les draps. Il s'est dirigé vers les toilettes, je l'ai soutenu parce qu'il pouvait à peine marcher. Je l'ai laissé devant la cuvette. Il a vomi, vomi encore, il sanglotait. Ses vêtements et jusqu'à son visage étaient souillés.

J'ai mis les draps à tremper dans la baignoire, je suis revenue éponger une grosse tache sur le matelas. Il m'a fallu tout un rouleau de Sopalin pour essuyer par terre.

Quand il est revenu, il avait lavé son visage. Il me faisait pitié. Il s'est effondré sur le lit.

– Henriette, je ne te dis jamais rien mais... merci.

Depuis deux ans, c'était sans doute la première fois qu'il s'adressait directement à moi. Je n'ai même pas répondu, j'étais trop occupée à nettoyer.

Puis il a dormi pendant trois ou quatre heures. À son réveil, il m'a demandé une soupe. Je lui ai préparé un sachet de soupe, comme pour les enfants, je l'ai servie dans le salon. Il n'en a pas bu la moitié, puis il est retourné se coucher.

Fabiola est revenue le lendemain, glaciale.

Toute la semaine, François a tenté de rester calme mais sa femme était un vrai mur. Lorsqu'il essayait de lui parler, elle ne desserrait pas les dents. Alors ça a recommencé. Pire qu'avant. Après un nouveau clash, Fabiola a pris la porte.

J'étais avec les enfants dans le salon. Soudain, François a réapparu, il criait, il racontait des horreurs, il s'en prenait à la terre entière... Très vite, les enfants ont pris peur, ils se sont mis à pleurer.

François a secoué Valentin par les épaules.

– Quoi ? Qu'est-ce qu'il y a ? Tu as peur de moi ? Je suis ton père ! Tes vêtements, c'est moi qui les paie ! C'est moi qui fais tout dans cette maison !

Valentin était tout tremblant.

– Oui, papa, oui...

– Monsieur, je crois que je vais emmener les enfants dans la chambre.

– C'est ça, emmène-les.

Dans la chambre, j'ai dit à Valentin de téléphoner à Mamie. Il lui a parlé entre deux sanglots :

– Papa m'a secoué, il nous crie dessus.

– J'arrive. Mais appelez les pompiers. On ne sait jamais ce qu'il peut faire.

Nous avons appelé le 18. Dans le salon, j'ai entendu un énorme vacarme, comme si François avait jeté une chaise contre le mur.

Pour calmer les enfants de plus en plus affolés, je suis allée chercher des biscuits et des bonbons à la cuisine.

Depuis le vestibule, j'ai vu Monsieur à la fenêtre. Il avait passé une jambe par-dessus le rebord. Il regardait en bas.

– Non ! Monsieur ! Non !

Il a tourné la tête vers moi. Il n'a pas dit un mot, la bouche entrouverte, comme en suspens.

Je me suis précipitée, je lui ai attrapé la jambe, j'ai tiré de toutes mes forces.

– Lâche-moi ! Fiche-moi la paix !

Il s'est affalé sur le sol en me couvrant d'insultes. J'ai refermé la fenêtre.

– Regarde où j'en suis...

Et il est parti s'enfermer dans la chambre.

Mamie est arrivée. Il n'a pas voulu lui ouvrir.

– François, tu as fait peur aux enfants.

– Qu'est-ce que tu fais là ? Ma famille, je ne la vois que quand il y a des problèmes.

– C'est parce que tu ne nous invites plus...

– Eh bien, je ne vous ai pas sonné, madame Calmar, sortez de chez moi !

Les pompiers sont arrivés. Ils ont frappé à la porte de la chambre.

– Monsieur Calmar, nous allons vous conduire à l'hôpital...

– Sortez de chez moi.

– Mais vous n'êtes pas bien...

Il a ouvert la porte.

– Regardez-moi, je vais bien ! Bon, maintenant que vous m'avez vu, sortez.

Deux pompiers costauds ont posé la civière par terre et se sont approchés, les mains dans le dos...

– Monsieur, vous vous allongez gentiment ou on vous y attache de force ?

Il s'est allongé tout de suite.

Nous sommes restés à la maison avec Mamie.

Puis Fabiola est rentrée, toute tranquille.

– Maman, papa est parti avec les pompiers !

J'ai expliqué ce qui s'était passé.

– Tu l'as empêché de se jeter par la fenêtre ? Mais pourquoi ? Il fallait le laisser faire.

Mamie s'est levée toute droite et elle est partie. Fabiola s'en fichait éperdument.

Quelques jours plus tard, Mamie est revenue. François suivait une cure de repos. J'étais dans la cuisine, Fabiola et Mamie discutaient dans le salon, le ton montait. Mamie s'est emportée :

– C'est ta faute si François est devenu ce qu'il est. De toute façon, s'il venait à mourir, je prendrais les enfants. Tu ne les auras pas, tu n'es pas une bonne mère.

Les enfants ont dû parler à l'école. Fabiola a reçu une lettre de convocation, une assistante sociale est venue voir comment ils étaient traités. Fabiola s'est montrée toute douce, toute gentille. Elle m'a présentée comme sa nièce. L'assistante sociale n'a pas bronché. Elle est repartie, les Calmar ont reçu une lettre d'avertissement : si ça continuait, ils risquaient de se voir retirer la garde des enfants.

Je ne savais plus où j'en étais. Je commençais à

me demander si ma vie n'était pas perdue comme celle de François. J'étais dégoûtée par l'existence que je menais. Quand je la comparais à mes rêves d'autrefois, je me disais que j'aurais mieux fait de rester chez moi. Je n'osais plus parler à personne, je restais de plus en plus dans mon coin. Chez Simone, j'avais au moins Stéphanie. La nuit, nous pouvions parler à voix basse. Chez les Calmar, j'étais toute seule, comme privée de parole. Dans mon cagibi sans fenêtre, je pensais souvent à Stéphanie, je me demandais si elle était toujours là-bas, à la Porte Dorée.

Souvent aussi je priais. J'ai développé un lien étroit avec Dieu. Je n'avais personne d'autre à qui m'adresser. S'il était vraiment dieu d'amour, comme on disait, je le suppliais de me montrer cet amour sur terre. Je lui demandais ce que j'avais fait pour mériter mon sort. Pourquoi ne vivais-je pas comme les jeunes filles de mon âge, que je croisais parfois dans les magasins ou dans le parc ? Elles avaient leur père, leur mère, leurs frères et sœurs, leurs amies. J'étais une île perdue. Parfois, j'avais envie de me jeter par la fenêtre, comme François. Qui me regretterait ? Qu'est-ce que ça changerait ? Mais j'aurais souffert pour rien... Alors je me retenais. Je continuais. Je priais.

Heureusement, il y avait les enfants. Ils me parlaient souvent. Malgré tout, ils aimaient beaucoup leurs parents, mais ils n'en recevaient pas toujours l'affection dont ils avaient besoin. Alors ils se sont rapprochés de moi. Avec moi, ils peuvent se confier sans crainte. Et souvent, sans le savoir, ils m'aident beaucoup. Quand ils crient mon nom en sortant de l'école, lorsqu'ils sont heureux de me montrer leurs dessins, de me raconter leurs histoires, j'oublie que j'ai passé la journée seule, presque recluse, sans prononcer un mot. Avec eux, je retiens mes larmes parce que ce n'est pas la peine de les attrister. Je me dis que je suis quand même aimée. Et s'ils m'aiment un peu, alors je n'ai pas tout perdu, je suis utile quelque part. Ma vie tenait à ce fil.

Deux mois après sa crise, François était de retour à la maison. Il semblait apaisé. Il me parlait de temps en temps. Je lui ai demandé :

– Monsieur, je suis chez vous depuis deux ans... Si je suis restée, c'est que je n'ai pas le choix et que j'aime les enfants. Mais je voudrais qu'on reconnaisse mon travail. Je voudrais être payée, aller à l'école...

– Je vois bien que tu travailles beaucoup. Et les enfants t'aiment. Quand tu partiras, je serai reconnaissant. Pour le reste, tu verras avec Madame...

Peu après le retour de François, Mamie est passée à la maison.

– Henriette, dimanche prochain, je t'invite toi et les enfants à la campagne.

Fabiola n'était pas invitée. Elle m'a dit :

– Il faudra que tu fasses le lit, le studio, tout ce que tu fais d'habitude le dimanche. Sinon, tu restes ici.

Le dimanche, je me suis levée à quatre heures du

matin, j'ai commencé par le repassage. J'ai fini lorsque les enfants se sont réveillés. J'ai préparé leur petit déjeuner puis je suis montée faire le ménage dans le studio de François. Je suis redescendue, j'ai habillé les petits. J'étais prête. Mais Fabiola m'inventait sans cesse de nouvelles tâches pour me retenir. Je courais comme une folle.

François m'attendait dans l'entrée. Il a fini par s'impatienter.

– Bon, on y va.

Les enfants se sont récriés :

– Non, on l'attend, on l'attend, elle a fini !

Et nous sommes enfin partis à la campagne. François, les trois enfants et moi. C'était une grande et jolie maison en Normandie, pleine de meubles et d'objets anciens que le père de François avait réunis. Mamie m'a montré les photos de famille, de ses frères et sœurs.

– Moi aussi, tu sais, j'ai beaucoup souffert pendant la guerre. J'étais obligée de travailler, je m'occupais des petits de la famille.

Je lui ai confié que je trouvais du réconfort dans la prière et elle m'a dit qu'il y avait une messe l'après-midi dans la petite église du village. J'y suis allée seule pendant qu'elle gardait les enfants. À mon retour, j'ai joué avec eux dans le jardin, Mamie a pris des photos. Il y avait si longtemps que je ne m'étais pas étendue dans l'herbe ! Si longtemps que je n'avais pas respiré sans me sentir écrasée entre quatre murs...

À table, Mamie m'a posé des questions sur mon travail et je lui ai répondu. Elle s'est tournée vers François :

– Ce n'est pas normal que tu laisses faire. On ne traite pas une fille comme ta femme le fait.

Plus tard, depuis la cuisine, je les ai entendus discuter :

– François, je veux que tu sois un homme. Ton père n'était pas comme ça. Je n'aime pas la façon dont vous vous comportez avec Henriette. Je l'ai vue quand elle est arrivée, c'était une gamine... Quand tu es ici, tu as l'air bien. Pourquoi te laisses-tu mener par le bout du nez ?

– Tu dis ça parce que tu n'as jamais aimé Fabiola.

Il me faisait pitié. J'avais envie de dire à Mamie que ce n'était pas la peine d'insister : Monsieur ne serait jamais un homme.

Mamie a eu une conversation au téléphone avec Fabiola. Et le soir nous avons repris la route de Paris.

À peine étions-nous rentrés, François et Fabiola me sont tombés dessus. Comme quoi j'avais raconté des tas de mensonges, tout ça parce que je n'aimais pas Fabiola, mais de toute façon ce n'était pas Mamie qui allait leur dicter leur conduite. J'étais une malhonnête, une sorcière, c'était ma faute si les voisins les regardaient bizarrement, mais attention, parce qu'on leur répétait tout ce que je pouvais inventer.

– Mamie m'a posé des questions, je lui ai répondu simplement ce que je savais.

Mamie a téléphoné plusieurs fois par la suite pour

nous inviter à la campagne mais Fabiola a toujours trouvé des excuses pour m'empêcher d'y retourner.

Pour le deuxième anniversaire d'Alice, Catherine, la sœur de François, est passée à la maison. Elle a apporté un gâteau, et un bouquet de fleurs pour moi. J'étais surprise et touchée. Quand ils ont allumé les bougies au salon, Catherine est venue me chercher dans la cuisine.

– Mais viens, qu'est-ce que tu fais ? Alice, c'est aussi ton enfant, il faut que tu sois sur les photos avec elle.

Je l'ai suivie et elle a pris beaucoup de photos de moi avec la petite. Mais dès que Catherine est repartie, Fabiola a explosé. Qu'est-ce que j'étais encore allée raconter ? Pourquoi Catherine m'offrait-elle un bouquet de fleurs, à moi, et pas à elle ? J'étais une intrigante, je voulais embrouiller la famille.

Je n'avais jamais rien dit à Catherine. Je ne l'avais vue que deux ou trois fois, à la naissance du bébé, et puis pour son anniversaire. De temps en temps, elle appelait pour proposer une sortie aux deux grands, mais je restais à la maison avec Alice. Les enfants me rapportaient toujours un petit cadeau de sa part, une friandise ou une pâtisserie. À chaque fois, Fabiola râlait :

– Pourquoi elle t'envoie à manger ? Elle croit peut-être que je ne te nourris pas ? Qu'est-ce que tu lui as encore dit ?

Finalement, j'ai fait dire à Catherine que ce n'était

pas la peine de m'acheter quoi que ce soit. Mais c'était encore pire. Fabiola l'a su :

– Alors c'est vrai que tu parles aux gens ! Alors comme ça Fabiola interdit qu'on t'apporte à manger !

Chaque fois que j'ouvrais la bouche, elle me faisait des histoires. J'ai préféré m'enfermer davantage dans le silence.

Le Noël suivant, Catherine n'est pas venue. Seule Mamie était là. Elle m'a apporté des cadeaux. Quand ce fut l'heure de les ouvrir, Fabiola était la plus impatiente :

– Ah, voyons ce qu'elle a reçu, Henriette...

J'ai ouvert les paquets devant tout le monde. Il y avait une enveloppe. Je l'ai décachetée.

– Mamie m'a donné cinq cents francs.

J'ai montré le billet à la ronde, comme le gagnant du Loto avec son énorme chèque dans les bras.

– Et Catherine... Un pull.

C'était un joli pull à col roulé.

– Et de la part de Béatrice...

Béatrice était la deuxième sœur de François. Je ne l'avais jamais vue parce qu'elle habitait à Marseille. Fabiola n'était pas moins surprise que moi :

– Mais d'où elle te connaît, Béatrice, pour t'envoyer des cadeaux ?

C'était une pierre porte-bonheur en pendentif. Fabiola a regardé Mamie, mais celle-ci a détourné la tête.

Après dîner, j'ai pris mes cadeaux pour les ranger dans ma valise, parce que je n'avais pas de placard ni même un tiroir pour mes affaires. Juste une valise que je glissais sous le lit des enfants. Fabiola la connaissait bien, puisqu'elle la fouillait régulièrement pour en vérifier le contenu.

Mamie a fait ses adieux. La porte à peine refermée, Fabiola s'est précipitée dans la chambre pour ouvrir ma valise.

– L'argent, il vaut mieux que je le garde pour toi. Le pull, Mamie s'est trompée, Catherine l'a envoyé pour moi. Pareil pour ce porte-bonheur. Béatrice ne te connaît pas, tu ne lui as jamais parlé, elle n'a rien pu t'offrir.

Et elle a repris tous mes cadeaux. Je l'ai regardée, sans réagir. Je n'arrivais pas à y croire. Je me suis dit qu'elle était folle, que la méchanceté avait fini par lui manger le cerveau. Elle n'avait que faire de cet argent, encore moins de ce porte-bonheur. Ses placards regorgeaient de vêtements, il fallait les entasser dans la cave : qu'avait-elle besoin de ce pull ? D'ailleurs elle ne l'a pas gardé. Quelques jours plus tard, sous mes yeux, elle l'a offert à une amie de passage.

Je n'ai même pas pensé à appeler Mamie ou Catherine. Elles iraient parler à Fabiola et ça retomberait encore sur moi. De toute façon, comme elle me le rappelait parfois :

– Tu auras beau leur raconter ce que tu veux, de toute façon, c'est *ma* famille.

J'étais obligée de tout subir pour la bonne raison que je n'avais nulle part où aller. Personne chez qui me réfugier si elle me jetait à la porte. Dehors, que faire, sans amis, sans adresse, sans argent, sans papiers ? Quitter cet immeuble, mais pour aller où ? Chez les Calmar, c'était l'enfer, mais dehors c'était le néant. Je n'osais pas faire le saut. De mon côté, c'était comme si je n'avais plus de famille. Je me sentais orpheline de tout. Il ne me restait qu'à courber l'échine, à tout accepter de peur de me retrouver à la rue. J'écoutais les instructions, je disais oui, et je faisais mon travail.

Le jour de l'an, il y avait beaucoup d'invités à la maison. Des amis ou des voisins comme Mathilde, une Danoise qui était déjà venue dîner plusieurs fois avec son mari. Nadia était là, elle aussi.

Elle m'a offert une bague. Sachant que Fabiola risquait de la prendre, elle me l'a donnée à la dérobée, dans la cuisine. De mon côté, je savais que Fabiola fouillait ma valise, mais je n'avais pas d'autre endroit où cacher la bague. Je l'ai glissée dans un recoin, sous le mécanisme de la fermeture. Elle n'irait pas chercher jusque-là.

Le soir même, elle a fouillé et elle a trouvé la bague.

– Ah bon, maintenant tu me voles mon argent pour t'acheter des bijoux ?

– Non.

– Alors d'où elle sort, cette bague ?

Je ne pouvais pas répondre. Elle allait appeler Nadia, elle nous accuserait de comploter dans son dos et ce serait encore une histoire à n'en plus finir.

– Elle est à moi, je l'avais déjà. On me l'a donnée.

– *Qui* te l'a donnée ? Tu as des amis, toi ? Tu n'as

personne ! Les gens qui viennent ici, ce sont *mes* amis.

– Je l'ai ramassée dans la rue.

Elle a confisqué la bague. Ça m'a fait mal. La vie s'écoulait et je n'avais rien à moi, pas même une bague, pas même un pull. Je ne m'en sortirais jamais. Mes rêves d'enfant, mes projets, tout était loin, perdu. J'allais avoir dix-huit ans et plus je grandissais, plus je m'enfonçais dans la misère, l'ignorance et la solitude. J'avais tout oublié, j'étais coupée de ma famille, complètement isolée, sans avenir. Même si je réussissais un jour à rentrer au Togo, là-bas tout le monde se moquerait de moi : quoi, j'avais passé tout ce temps en France et je rentrais les mains vides, sans éducation, sans métier, sans argent ? Du coup, je n'osais même plus penser à retourner en Afrique.

Chaque fois que la moindre lueur s'allumait, Fabiola prenait soin de l'étouffer. L'idée que je puisse recevoir un cadeau ou même connaître un instant de joie lui était devenue insupportable. Un jour, je jouais avec les enfants dans la chambre, ils m'entouraient. Fabiola est entrée. Mais tout à leur jeu, les enfants l'ont ignorée. Vexée, elle m'a aussitôt envoyée à la cuisine et m'a accablée de travail jusqu'au soir.

Une autre fois, alors que je descendais à la cave, j'ai croisé une vieille dame qui habitait dans l'immeuble voisin du nôtre. Elle m'a arrêtée :

– Je sais tout le travail que vous faites, je le vois.

Il faut continuer, comme vous le faites, sans jamais vous plaindre.

Ces quelques paroles, bizarrement, m'ont fait beaucoup de bien. Depuis des années personne ne m'avait dit un mot gentil. Mais quelqu'un avait tout de même remarqué mon existence. Je me suis sentie soulagée, ça m'a donné de la force.

Quand je suis remontée, j'étais moins triste, mon visage avait changé. Fabiola l'a tout de suite remarqué.

– Toi, tu as parlé à quelqu'un.

– Non.

– Ne mens pas, je le sais.

On aurait dit une sorcière.

Elle a horreur de me voir sourire. Et elle sait tout ce que je fais. Quand je sors faire les courses, elle peut surveiller mes allées et venues depuis la fenêtre. Du dix-septième étage de la tour, elle me voit traverser le parvis, entrer dans la boulangerie, puis me diriger vers le supermarché. Je tourne à droite, je tourne à gauche, rien ne lui échappe. Quand je m'engouffre dans l'immeuble, elle compte les minutes, elle calcule combien de temps je mets pour monter.

– Qu'est-ce que tu as fabriqué dans le hall ? Pourquoi as-tu mis si longtemps dans l'ascenseur ?

Quand j'emmène les enfants à l'école, il m'arrive de croiser des gens qui me connaissent, depuis trois ans que je suis là.

– Comment va Fabiola ? Tout va bien à la maison ?

Dès que je remonte, elle me saute dessus :

– Qu'est-ce que tu leur as dit ? De toute façon, ce sont mes amis, ils me le répéteront.

– Je n'ai rien dit à personne. Si les gens parlent de moi, alors c'est qu'ils ont vu ou senti quelque chose, mais ils ne l'ont pas appris de ma bouche.

Quelque temps plus tard, Orlande est passée à la maison. Fabiola l'avait invitée à déguster un plat africain. Elle s'occuperait d'acheter la viande et les légumes, Orlande devait apporter tous les ingrédients pour une sauce spéciale : une variété d'épinards, des pistaches fraîches, des tomates, de l'huile de palme.

Fabiola est descendue un moment :

– Je reviens. Si Orlande sonne, tu lui ouvres.

Orlande est arrivée peu après. Nous avons échangé quelques mots dans la cuisine, puis, profitant de l'absence de Fabiola, elle m'a demandé :

– Alors, elle a changé ? Est-ce qu'elle te traite mieux ? Tu veux toujours rester ?

– J'ai envie de partir d'ici mais je n'ai nulle part où aller. Et je ne sais pas si ailleurs, ça ne sera pas pire qu'ici.

Je lui ai répondu sans hésiter parce que j'étais à bout. Je ne craignais plus Fabiola. Je lui obéissais parce que je n'avais pas le choix mais la peur m'était en grande partie enlevée. Et je ne croyais plus à ses promesses de cagnotte. Je savais que c'était un moyen de plus pour me retenir.

– Tu es prête à partir avec moi ? Comment va-t-on s'y prendre ? Quel est le meilleur moment ?

– Je ne sors pratiquement pas. Et quand je vais faire des courses, elle me surveille. Ou alors je suis avec les enfants.

Le plus souvent, quand je descends, je ne suis pas seule. À la sortie de l'école, au cours de judo, dans les magasins, les enfants sont toujours avec moi, partout ou je vais, ils me suivent. Pour Fabiola, c'est la meilleure garantie que je ne tenterai rien.

– Il faudrait que ce soit le dimanche parce que je n'ai qu'Alice. Je pourrais sortir pendant sa sieste.

Orlande m'a dit que le dimanche suivant, elle viendrait en voiture au sous-sol, à cinq heures de l'après-midi. Elle m'y attendrait.

– Mais fais bien attention. Si jamais elle te voit avec moi, elle va me chercher des ennuis. Elle est capable de tout.

Elle aussi avait peur, elle connaissait trop Fabiola pour prendre la menace à la légère.

Le dimanche, j'étais seule à la maison avec Fabiola et Alice. Toute la journée, mon cœur a tapé. J'étais encore assaillie de questions. Notre plan allait-il marcher ? Et si je ne pouvais pas descendre à l'heure dite ? Si Fabiola sortait ? Je n'allais quand même pas laisser Alice toute seule... Si Fabiola m'ordonnait de lui donner le bain au moment du rendez-vous ? Si les autres enfants rentraient plus tôt que prévu de la campagne ? Sans compter que j'étais triste à l'idée de me sauver sans les voir, sans leur dire adieu. Comment allaient-ils se débrouiller sans moi ?

Et puis ce doute qui ne me quittait pas. Si malgré tout c'était un piège tendu par Fabiola, avec la complicité d'Orlande ?

À quatre heures, j'ai couché Alice pour la sieste. Plus l'heure approchait, plus mon cœur tressautait. J'avais une peur terrible. J'étais sûre que notre plan était écrit sur mon visage. Fabiola devait bien s'apercevoir de mon trouble. Et puisqu'elle ne disait rien, c'était bien la preuve qu'il s'agissait d'un piège. Elle savait tout ! Dans sa chambre, elle faisait mine de regarder la télé en savourant son plaisir. J'avais mordu à l'hameçon.

Vers quatre heures et demie, elle m'a demandé de lui apporter du thé. J'ai dit « oui, tout de suite » mais j'avais la tête tellement ailleurs que j'ai oublié.

Quelques minutes avant cinq heures, j'ai pris la poubelle, je suis allée dans le vestibule, j'ai posé la main sur la poignée de la porte.

– Je descends la poubelle...

Mais soudain, elle m'a rappelée d'une voix furieuse.

– Henriette ! Viens ici !

La poubelle m'est tombée des mains. Elle était donc au courant.

– J'arrive...

Je suis entrée dans la chambre plus morte que vive.

– Et alors ? Mon thé !

– Oh, le thé ! Je l'ai oublié à la cuisine.

Je lui ai apporté son plateau. Mes mains tremblaient mais elle n'a pas paru s'en apercevoir.

Cette fois, j'ai franchi le seuil et j'ai refermé la porte. Une étrange tristesse s'est emparée de moi, j'avais passé plus de deux ans dans cet appartement. Mais il fallait partir. Je n'emportais que ce que j'avais sur le dos, un tee-shirt noir et un caleçon à rayures.

J'ai pris l'ascenseur. J'ai déposé la poubelle. J'hésitais. Il était encore temps de remonter. Je ne savais pas où j'allais tomber. Mais non, partir, à tout prix...

Je suis allée dans le parking. Orlande m'attendait au volant de sa voiture.

– Alors ? Elle t'a laissée partir ? Tu as peur ?

Elle a vu que je tremblais. Elle m'a donné un manteau. La voiture est sortie du parking. Du haut de sa tour, Fabiola nous suivait peut-être du regard.

En chemin, je n'ai pas arrêté de poser des questions.

– Qui va s'occuper des enfants ? Qui va les amener à l'école ? Qui va leur préparer à manger ?

– Arrête ! Laisse tout ça derrière toi. Il faut que tu penses à toi maintenant.

Je ne ressentais aucun soulagement mais plutôt de l'inquiétude. Jusque chez Orlande, je ne parvins pas à croire que j'étais sortie de mon enfer.

Orlande habitait un trois pièces dans le dix-septième, métro Brochant, avec son mari et sa petite fille. Quand nous sommes entrées, elle m'a dit :

– C'est fini, ne sois pas triste.

Elle m'a fait à manger. Je n'avais pas faim.

Comme la petite dormait avec ses parents, il y avait une chambre de libre. Orlande m'y a installée. Je me suis couchée mais je n'ai pas pu fermer l'œil. Je pleurais, je me sentais faible.

Le lendemain, Orlande et son mari sont partis travailler, en déposant la petite à la crèche. Je suis restée toute seule. Je réfléchissais dans mon coin.

Toute la semaine a passé ainsi. J'étais libre mais je ne savais que faire de cette liberté.

– Tu ne veux pas appeler ton père ?

– Mon père ? Il n'a rien fait pour moi quand je l'ai appelé au secours. Je n'attends plus rien de lui.

– Tu n'as personne d'autre à contacter ? Peut-être que ça te soulagerait de parler de tout ça. Tu n'as aucune famille en France ?

– Si, j'ai un oncle qui vit ici. Le jeune frère de mon père. Mais je ne l'ai pas vu depuis que je suis toute petite. Je ne sais même pas où il habite.

Je n'avais jamais cherché à le contacter. Depuis le jour où mon père m'avait dégoûtée en me disant « Tu restes en France », je ne voulais plus penser à lui, et encore moins à son frère.

– Malgré tout, c'est ta famille, il faut que tu les appelles.

Orlande a fini par me convaincre. Nous sommes descendues, elle m'a acheté une carte téléphonique. Je suis tombée sur mon père. C'était la première fois que j'entendais sa voix depuis bientôt trois ans. J'avais la gorge nouée, je ne savais pas quoi dire.

– Henriette, c'est toi ? Comment tu vas ?

– Bien. Je ne suis plus chez l'autre femme, j'ai réussi à m'en sortir.

– Et que comptes-tu faire maintenant ? Moi, je suis loin, je ne peux pas t'aider.

– Je pourrais peut-être appeler mon oncle...

Il m'a donné un numéro que j'ai dicté à Orlande. Elle m'a dit que ce n'était pas à Paris. J'ai raccroché.

– Tu as vu ? Je t'avais bien dit qu'il ne lèverait pas le petit doigt pour moi...

Ça ne me faisait ni chaud ni froid. Je lui en voulais tellement qu'il ne pouvait plus me blesser.

– Mais il n'a pas tort, après tout, a dit Orlande. D'où il est, il ne peut pas faire grand-chose. Appelle plutôt ton oncle.

J'ai composé le numéro.

– Henriette ? Pas possible !

Il était content de m'entendre.

– Je savais que tu étais en France, bien sûr. J'ai demandé à ton père, il m'a dit qu'il avait perdu le contact depuis que tu étais dans une nouvelle famille.

– Je n'y suis plus, j'ai réussi à m'enfuir.

– Comment ça, tu t'es enfuie ?

– Je n'étais pas bien, je travaillais tout le temps, je ne faisais rien d'autre, je n'ai pas d'amis, je n'ai personne.

– Écoute, dans l'immédiat, je ne peux rien faire, je suis à Brest...

Je ne savais absolument pas où se trouvait Brest.

– Mais je vais venir bientôt et on pourra trouver une solution. Donne-moi ton adresse et ton téléphone.

Les semaines ont passé. J'étais bien chez Orlande. J'avais une chambre, je mangeais à ma faim, je faisais le ménage et je m'occupais de la petite après la crèche.

Je sortais peu, et même lorsque j'allais me promener, je dépassais rarement le pâté de maisons. Je n'avais pas de papiers et, me rappelant les menaces de Simone et de Fabiola, j'avais constamment peur d'être arrêtée. J'étais prise de panique dès que j'apercevais un uniforme de policier.

Orlande faisait de son mieux pour me faciliter la vie. Elle me donnait 2 500 francs d'argent de poche par mois. J'étais contente, pour la première fois, je gagnais de l'argent. J'ai pu me racheter des vêtements et envoyer 3 000 francs à ma mère. Mais pour les papiers, Orlande ne savait pas comment m'aider.

– Ton oncle, lui, saura peut-être quoi faire...

Trois mois plus tard, mon oncle a téléphoné. Il était en bas, il n'avait pas le code de la porte cochère. Toute contente, je suis descendue lui ouvrir. Je ne l'avais pas vu depuis mon enfance, mais je l'ai reconnu tout de suite. Il ressemblait beaucoup à mon père. Il portait un tee-shirt rayé, un jean, un sac-banane autour de la taille.

Nous sommes remontés, je lui ai présenté Orlande. Nous nous sommes assis tous les trois dans le salon. Je lui ai raconté ce que je faisais chez Fabiola. Après si longtemps, j'étais très heureuse de parler à un membre de ma famille. Il m'a écoutée longuement, sans rien dire, en hochant la tête. Puis lorsque je suis arrivée au bout de mon récit, il s'est tourné vers Orlande.

– Et vous, vous l'avez prise avec vous ?

– Oui. Je l'ai sortie pour qu'elle soit un peu à l'abri et qu'elle puisse se chercher un métier, penser à son avenir. Mais je ne peux pas l'aider pour les papiers.

– Dans ce cas, elle n'a plus rien à faire avec vous.

J'ai cru que mon cœur s'arrêtait.

Son visage était impassible.

– Henriette, écoute-moi bien. J'ai appelé Fabiola avant de venir ici. Nous avons parlé. C'est une femme bien. D'ailleurs, elle m'a dit beaucoup de bien de toi. Je ne sais pas ce qui t'a pris de partir de là-bas. Elle connaît des avocats, des gens bien placés, elle va s'occuper de tes papiers. Si tu penses à ton avenir, le seul endroit où aller, c'est chez elle.

– Mais elle ne m'a jamais envoyée à l'école ! Elle me faisait travailler toute la journée ! Elle ne me donnait que des restes à manger !

Il a secoué la tête.

– Non, non, non. Elle a été très gentille, tu ne manquais de rien à la maison, tu avais tout ce qu'il te fallait...

– Mais elle ne me payait pas !

– Elle va te donner ton argent, elle me l'a promis.

J'ai parlé à son mari, c'est un homme très sympathique.

– Je n'avais pas le droit de sortir !

Il refusait d'écouter.

Orlande est intervenue.

– Cette femme, je la connais, c'est une méchante.

Mon oncle a durci le ton.

– Écoutez, vous, vous l'avez amenée ici, elle est sans papiers et la police peut vous arrêter pour avoir hébergé une personne en infraction.

Orlande s'est levée.

– Ah bon, c'est comme ça ? Eh bien, moi qui pensais rendre service à votre nièce... Vous pouvez la prendre, je n'ai plus rien à faire avec elle. Parce que cette histoire va finir par m'attirer des problèmes...

Je les ai regardés tour à tour, effarée. Les mots ne voulaient plus sortir de ma bouche.

– Bon, va préparer ton sac, m'a dit mon oncle.

J'étais condamnée, foudroyée, je ne pouvais plus lutter. La mort dans l'âme, j'ai ramassé mes affaires.

Nous sommes descendus dans le métro. Sur le quai, j'ai pensé me jeter devant le train qui arrivait. Je ne sais pas ce qui m'a retenue. Pendant le trajet, je n'ai même pas essayé de dissuader mon oncle. C'était inutile, il avait pris sa décision avant même de me voir. Pendant que je lui racontais mon histoire, il avait déjà vu Fabiola, elle l'avait manipulé, embobiné. J'aurais pu parler pendant des heures, tout lui serait passé par-dessus la tête.

Nous n'avons pas desserré les dents pendant tout le trajet. Et je me suis retrouvée de nouveau au pied de la tour de l'Europe.

– Surtout ne m'oblige pas à revenir de Bretagne. Ce n'est pas toi qui paies le billet de train. Je ne veux pas entendre que tu t'es encore enfuie. Tu es trop naïve, tu crois n'importe qui.

La porte s'est ouverte. Fabiola se tenait sur le seuil. C'était un dimanche et elle était seule à la maison. La télé marchait au salon. Nous sommes entrés dans le vestibule.

– Madame, je vous ai dit que je la ramènerais et la voici. Je ne vais pas m'attarder, nous sommes d'accord pour ses papiers et pour l'argent.

J'ai levé les yeux.

– Qu'est-ce qu'il y a pour les papiers ?

– Ton père va s'arranger pour récupérer ton passeport auprès de Simone, il va l'envoyer à Mme Calmar qui s'occupera de te régulariser.

– Et pour l'argent ?

– Elle va t'en donner chaque mois ou alors je viendrai le chercher moi-même.

Mon oncle est reparti. Il avait un train à prendre.

Fabiola m'a regardée.

– Qu'est-ce que tu as dans ton sac ?

Elle a fouillé mes affaires.

– Ça, ce n'est pas bien pour toi, ça, je t'interdis de le mettre à la maison...

Elle a repris tous les vêtements que j'avais achetés, à part quelques chemises de nuit.

De ma fuite, pas un mot. Elle me voulait et j'étais là, ça lui suffisait. Les menaces étaient inutiles, puisqu'elle m'avait à sa merci. Pour le reste, mon oncle lui avait déjà raconté tout ce qu'elle voulait savoir. Un membre de ma propre famille me livrait à elle. Son triomphe était complet.

– Bon, je n'ai rien à te montrer, tu sais ce que tu as à faire.

Comme tous les dimanches, les enfants étaient à la campagne avec François. Comme d'habitude, j'ai fait la cuisine et j'ai préparé leurs affaires pour le lundi. Puis j'ai fait couler le bain parce qu'ils n'allaient pas tarder. Dans la cuisine, j'ai retrouvé mon assiette en plastique, mon tabouret. Je me suis assise dessus. Je ne me sentais plus le courage de vivre.

Les enfants sont arrivés. J'ai entendu la voix de Clémence. Elle est entrée dans la cuisine et elle m'a vue.

– Valentin ! Henriette est là !

– Tu mens, elle n'est pas là, elle est partie...

Valentin est entré à son tour, il m'a reconnue. Ils se sont tous les deux jetés à mon cou.

– Où tu étais ? En Afrique ? Qu'est-ce que tu as fait ? Qu'est-ce que tu m'as ramené ? Pourquoi tu es revenue ?

– Parce que ta maman voulait que je revienne et mon oncle est venu me chercher pour me ramener. Bon, vous allez prendre votre bain et vous venez manger.

Je n'ai pas vu Monsieur. Il avait juste déposé les

enfants à la porte pour monter tout de suite dans son studio. Fabiola regardait la télé dans sa chambre.

J'ai sorti les enfants du bain, ils ont enfilé leur pyjama puis je leur ai donné à manger. Ensuite, je les ai mis au lit.

– Raconte-nous une histoire. Maman, elle ne nous raconte jamais des histoires d'Afrique.

J'ai commencé mais bientôt je n'ai pas pu retenir mes larmes.

– Pourquoi tu pleures, Henriette ? Tu es triste ? Tu penses à ta famille ?

Je me suis mise à pleurer de plus belle. Je suis sortie de la chambre. Ce soir-là, je n'ai pas terminé l'histoire, je ne pouvais pas.

Monsieur est descendu de son studio.

– Tiens, tiens, mais c'est le retour de l'enfant prodigue !

Je n'ai rien dit.

– Qu'est-ce qu'il y a à manger ?

J'avais fait du riz collant, à la vapeur, avec du poulet rôti parce que les enfants aiment bien. François aimait bien aussi. Il m'a demandé de lui servir une assiette.

– Fabiola a dîné ?

– Non.

Il est allé la chercher. Ils se sont mis tous les deux à table dans le salon. Ils ont dîné.

Personne ne m'a demandé si j'avais faim.

Quand je suis revenue de chez Orlande, Fabiola

était de nouveau enceinte. J'en faisais les frais, parce qu'elle avait toujours de nouvelles exigences :

– J'ai envie d'un gâteau ! J'ai envie d'une salade !

Et je me mettais au travail. Lorsque c'était prêt, elle n'en voulait plus, ou bien elle voulait autre chose. Elle achetait toutes sortes de choses chez l'épicier chinois au coin de la rue, elle me demandait de les préparer, elle goûtait puis changeait d'avis. Je passais toute la journée à cuisiner. Et quand j'avais fini, il fallait penser aux trois enfants : aller les chercher, les faire manger, les baigner, les coucher.

Mamie était contente que je sois revenue parce qu'elle savait que je m'occupais bien des petits.

– J'étais inquiète quand tu as disparu. Tu aurais pu me dire où tu étais.

Elle m'a donné son numéro.

– Tu peux m'appeler pour me parler. Je te promets que je ne dirai rien à Fabiola ni à François.

Mais à quoi bon l'appeler ? Pour m'attirer de nouveaux ennuis ? Je savais qu'elle ne pouvait rien et pire, qu'au final, elle prendrait le parti de son fils contre moi. Après tout, c'était *sa* famille. Qu'avais-je à espérer ?

Quelques semaines après mon retour, Sabria, la sœur aînée de Fabiola, est venue s'installer à la maison. Elle vivait en Afrique mais elle a passé plusieurs mois avec nous. Je devais lui préparer son petit déjeuner, repasser ses vêtements, en plus de tout le reste. Au moins, elle disait merci. Contrairement à Fabiola, elle ne cherchait pas à m'humilier, même si elle n'a jamais levé le petit doigt pour ma défense.

– Ma sœur n'est pas une femme bien, et pourtant tu t'occupes beaucoup des enfants. Dieu te rendra tout ce que tu fais pour elle.

Parfois elle me posait des questions sur ma famille, sur ce que j'avais envie de faire plus tard. Je trouvais quelqu'un à qui parler de temps en temps.

Un jour, Kenza a appelé de la Réunion. La sœur de Fabiola qui travaillait ici avant moi et qui s'était enfuie. Elle est tombée sur moi.

– C'est toi, Henriette ? Sabria m'a dit que tu étais revenue. Moi, je suis restée trois ans avec elle, et c'est ma propre sœur, même mère, même père. Tu veux que je te dise ? Pour moi, elle est morte. Elle n'est pas humaine, elle est mauvaise. Tu peux rester des années avec elle, tu n'auras rien, tu partiras comme tu es venue.

Kenza m'a raconté ce qu'elle avait subi. Comment sa sœur fouillait ses affaires, comment elle avait peu à peu fait le vide autour d'elle, mettant à la porte toutes ses amies.

Comme elle n'était pas payée, Kenza gagnait de l'argent de poche en faisant un peu de ménage chez Mathilde, la voisine danoise, à l'étage du dessous. Mais Mathilde s'était subitement retrouvée avec des factures de téléphone exorbitantes. Des appels vers l'Afrique. Naturellement, elle avait soupçonné Kenza. Elle en avait parlé à Fabiola qui s'était contentée de lui répondre :

– Tu n'as qu'à la virer.

Kenza avait expliqué à Mathilde que lorsqu'elle faisait le ménage chez elle, Fabiola en profitait pour descendre passer des coups de fil. Sans trop y croire, Mathilde avait finalement accepté de se cacher dans sa chambre pendant que Kenza venait faire le ménage. Là, surprise, Fabiola était soudain descendue, elle s'était installée comme chez elle pour téléphoner. Mathilde avait surgi de la chambre, la prenant la main dans le sac. Rouge de confusion, Fabiola s'était éclipsée en inventant je ne sais quelle excuse.

– Cette femme, c'est la méchanceté même, me disait Kenza. Et ça me fait mal de savoir que tu es avec elle, que tu vis ce que j'ai vécu avant toi.

Mais pour moi, il n'était pas question de fuite à la Réunion. En fait, je ne songeais même plus à ma vie. De quelque côté que je me tourne, je ne voyais pas d'issue. Depuis que mon oncle m'avait ramenée, je ne cherchais plus rien, je ne pensais plus rien, je ne réfléchissais même pas. Je me contentais d'obéir.

Quelques semaines après mon retour, Fabiola a reçu un courrier de mon père. C'était mon passeport. Il l'avait récupéré en faisant pression sur Simone, de passage à Lomé. Mais je n'ai même pas eu l'occasion de le tenir entre mes mains.

– Ton père viens de m'adresser ton passeport, mais je le garde parce que je vais le renvoyer en Afrique pour t'avoir des papiers. Je vais te faire passer pour ma sœur.

Comme Fabiola a la nationalité française, elle m'a assuré que ça irait très vite. En tout cas elle allait s'en occuper. Mais cette histoire de papiers s'est rapidement enlisée. Fabiola en a même fait un nouveau prétexte pour ne pas me payer. Quand je lui demandais mon argent, elle répondait :

– Si je te fais les papiers, ça va coûter cher. Après, je ferai le compte de ce qui te reste et je te le donnerai...

Lorsqu'elle est arrivée en fin de grossesse, c'était pire que tout. Elle crachait par terre, dans son lit, elle salissait tout. Je devais changer les draps tous les jours. J'étais son principal dégoût de femme enceinte. Elle ne me supportait plus, nous étions devenues comme deux rivales. Elle ne pouvait pas me voir passer sans me lancer des méchancetés. On aurait dit que je la piquais en la croisant dans le couloir :

– Tu es méchante, tu es une sorcière, tu as le cœur noir...

Elle me rabaissait en permanence, j'avais envie d'entrer dans un trou pour ne plus jamais en sortir. Quand Simone s'en prenait à moi, il y avait dans son expression ou dans son attitude un je ne sais quoi d'outrancier qui pouvait prêter à sourire. Simone était dure, mais Fabiola était cruelle. La première m'exploitait, la seconde voulait m'humilier jusqu'à m'anéantir. Parfois, j'aurais préféré qu'elle me gifle.

– Non mais regarde un peu de quoi tu as l'air, tu n'es qu'une pauvre fille...

Ça a duré ainsi jusqu'à ce qu'elle accouche de Julien.

De nouveau, il y avait un bébé à la maison. Tout recommençait pour moi. Je ne savais plus où donner de la tête, je n'avais plus le temps de m'asseoir. En plus des tâches ménagères, je devais maintenant habiller, laver, nourrir et coucher quatre enfants, dont un nourrisson.

Au moins la petite Alice dormait, elle me laissait le temps de travailler. Mais Julien était très nerveux, il avait du mal à s'endormir, un rien le réveillait. Je devais constamment le prendre dans mes bras, le bercer, lui donner le biberon. Dès que je le reposais, c'était des cris interminables. Fabiola avait une explication toute prête :

– Mon fils est devenu méchant parce que j'ai passé ma grossesse à côté d'une fille méchante. C'est ta faute, c'est ta tête qui l'énerve.

Du coup, elle ne s'occupait jamais de lui :

– Prends-le, toi, fais-le taire...

Un soir, il pleurait sans arrêt, je ne savais plus comment le calmer. Sa sœur Sabria s'est levée, elle a porté le bébé à Fabiola :

– Tiens, c'est quand même toi qui l'a mis au monde, alors occupe-toi de lui.

Fabiola a eu honte, elle l'a pris en râlant. Elle lui a chanté une chanson et il s'est calmé. Depuis sa naissance, c'était la première fois qu'elle le berçait dans ses bras.

Moi qui jusqu'alors avait été plutôt résistante, je

me sentais de plus en plus faible. Les efforts physiques me coûtaient, j'avais mal partout. Le matin, je n'arrivais plus à me lever et je me traînais toute la journée.

Assise dans son canapé avec sa sœur, Fabiola se moquait de moi :

– Regarde-toi, on dirait une petite vieille.

Après les moqueries venaient les insultes :

– Tu n'es bonne à rien...

J'étais à bout de forces. D'autant que depuis mon retour chez les Calmar, il n'y avait plus de machine à laver la vaisselle. Ou plutôt si, il y en avait une toute neuve, mais elle n'était pas branchée. Un soir, en rentrant tard, François m'a trouvée devant l'évier :

– Cette machine, je vais la foutre dehors ! Pourquoi elle ne marche pas ? Fabiola ? Pourquoi Henriette fait la vaisselle à minuit ?

Fabiola est sortie de sa chambre :

– J'ai perdu la notice.

Monsieur a poussé un soupir puis il est allé se coucher.

Le matin, depuis mon évasion ratée, je n'avais plus droit à mon paquet de cornflakes. Je ne mangeais plus rien au petit déjeuner. Vers midi, quand Fabiola avait fini le sien, elle me laissait boire le fond de son bol de céréales. C'était la première nourriture que j'avalais depuis le matin. Le soir, si elle était d'humeur, j'avais les restes de leur dîner, froids et peu ragoûtants. J'essayais de me servir dans le frigo mais elle était devenue plus méfiante, elle avait remarqué que certains soirs, je ne touchais pas le peu qu'elle me donnait. Alors elle s'est mise à compter les morceaux de poulet ou les tranches de jambon dans le frigo, elle marquait le niveau de la soupe dans la marmite. Je ne pouvais plus rien prendre à son insu.

Lorsqu'il manquait des fruits dans la corbeille, elle appelait les enfants :

– Valentin, qu'est-ce que tu as pris comme fruit ? Clémence, c'est toi qui a mangé les bananes ?

Heureusement, Sabria me donnait parfois quelque chose et lorsque Fabiola s'étonnait, elle lui disait :

– C'est moi qui l'ai mangé.

Et quand elle sortait, elle me rapportait un gâteau ou une glace.

Mais si je mangeais de moins en moins, c'était aussi parce que j'avais perdu l'appétit. Avant, même si Fabiola ne me donnait pas, je me débrouillais, je mentais, au besoin j'accusais la pauvre Alice, qui savait à peine parler. Mais désormais, je n'avais plus faim. Et je m'affaiblissais de plus en plus, je souffrais de migraines et de fréquents vertiges.

Six mois après la naissance de Julien, nous avons déménagé. Nous restions dans la même tour, nous sommes juste descendus du dix-septième au treizième étage. Nous passions d'un trois pièces à un quatre pièces. Valentin et Clémence ont retrouvé leurs lits superposés mais leur chambre étant plus grande, Alice s'est installée avec eux. Sabria, Julien et moi partagions une autre chambre. La sœur de

Fabiola dormait dans le canapé-lit, Julien dans le berceau, et tous les soirs, je tirais mon matelas à côté de lui.

Sabria ronflait comme un hippopotame, elle m'empêchait de dormir. Elle réveillait aussi Julien, qui avait le sommeil très léger. Il s'énervait, il se mettait à hurler, je devais l'emmener au salon pour le calmer. Je revenais dans la chambre, les ronflements de Fabiola le faisaient sursauter et c'était reparti.

Je ne dormais plus. Avant, le soir, je tombais souvent de fatigue. Et un fragile espoir m'animait encore : quand Alice serait grande, j'irais à l'école, ma vie changerait. Mais avec la naissance de Julien, cet espoir s'était envolé. J'étais saisie par l'angoisse, par la peur de mourir sans avoir réalisé aucun de mes rêves.

Souvent, je faisais des cauchemars, je me voyais perdue au milieu d'une foule d'inconnus, ou entourée de monstres. Je me réveillais et je serrais la chaînette en or que m'avait donnée ma mère.

Grâce à Sabria, qui m'a donné une carte téléphonique, j'ai pu appeler en Afrique. Je suis tombée sur une de mes demi-sœurs. Mon père était en mission et ma mère n'était pas là, elle ne vivait plus à la maison.

– Je voulais juste avoir de leurs nouvelles.

– Tu vas bien ?

– Oui, je vais bien.

Et j'ai raccroché. Je me sentais si loin d'eux, si loin

de tout le monde... Plus rien ne me tenait à cœur, je n'éprouvais plus de sentiment, plus d'envies, je vivais comme un zombie. Autour de moi, tout était éteint.

Parfois, à la maison, je m'approchais de la fenêtre, je regardais en bas les gens qui marchaient sur le parvis. Je pensais à me jeter dans le vide. De toute façon, personne ne voulait de moi. Et je ne pouvais pas retourner en Afrique. Mais quelque chose me retenait. Je portais la main à ma chaînette en or, je sentais pendant un bref instant la présence de ma mère...

Un jour, Alice est entrée dans ma chambre et elle m'a surprise en train de pleurer. Elle s'est approchée.

– Ne pleure pas, Henriette, tu verras, quand je serai grande, j'aurai beaucoup d'argent et on partira loin de maman. Maman, elle est méchante !

J'ai souri à travers mes larmes, je l'ai prise dans mes bras. Sans les enfants, j'aurais peut-être perdu la tête. Je n'étais plus moi-même, je devais faire peur à voir.

Tous les vendredis ou presque, Fabiola recevait du monde et je devais servir à table. Son mari riait fort, Fabiola jouait les maîtresses de maison. Un soir, un des invités, un Iranien, a particulièrement apprécié ma cuisine. Il demandait sans arrêt :

– Qui a fait ça ? C'est délicieux. Et cette sauce ?

– C'est Henriette.

Lorsque je suis revenue au salon pour leur apporter un plat, il m'a demandé :

– Mais pourquoi es-tu si triste ? Pourquoi es-tu si loin ?

Fabiola s'est empressée de répondre à ma place :

– Oh, ce n'est rien, elle fait semblant, elle veut toujours qu'on la plaigne.

Devant les invités, Fabiola faisait attention de se montrer sous son meilleur jour. Une fois pourtant, elle a perdu son sang-froid devant plusieurs témoins.

Ce jour-là, elle recevait sa grande amie Mme Dioulasso, ses enfants et quelques amis marocains. Mme Dioulasso était une amie d'enfance, une Ivoirienne qui vivait au Bénin, mais qui parcourait l'Afrique en vendant des vêtements, des bijoux ou des foulards. Récemment, elle avait confié à Fabiola un gros sac plein d'affaires. Fabiola m'avait dit de le descendre à la cave parce que la maison était déjà encombrée. Elle m'a donc demandé d'aller le chercher. J'ai fouillé dans la cave, j'ai remonté le sac. Mme Dioulasso l'a ouvert mais elle a dit que ce n'était pas le bon.

Aussitôt, Fabiola s'en est prise à moi :

– Qu'est-ce que tu as fait ? Tu t'es trompée !

– C'est ce sac-là que j'ai descendu.

Elle n'a pas supporté que je la contredise. Elle m'a jetée hors de la cuisine, elle m'a rattrapée par le bras et m'a secouée comme un prunier. Elle était folle de rage :

– Écoute comme elle me parle ! J'en ai marre de cette fille. Sors de chez moi, je ne veux plus te voir !

Je suis allée dans la chambre, j'ai pris ma petite valise. J'étais bien décidée. Même si je devais dormir sur un trottoir cette nuit, il fallait que je quitte cette maison.

Dans le vestibule, Mme Dioulasso m'a retenue.

– Attends, reste, viens t'asseoir une minute, ne fais pas attention à ce qu'elle dit...

Dans la cuisine, les autres s'efforçaient de calmer Fabiola :

– Je vais appeler son oncle ! Je vais lui dire qu'elle est mal élevée, qu'elle n'écoute pas !

Elle est allée téléphoner dans sa chambre.

– Henriette, viens, c'est ton oncle !

Elle me l'a passé.

– Alors ? Tu te comportes mal avec les gens qui essaient de t'aider ? Tu refuses d'obéir ? Écoute, je ne sais pas ce que tu as dans la tête, mais si ça continue, tu vas retourner au Togo comme tu es partie...

Oubliant le respect dû au frère de mon père, je me suis mise à crier :

– Je m'en fiche, si je sors d'ici, ce n'est même pas pour retourner au Togo ! C'est pour me jeter sous une voiture !

J'ai lâché le combiné et je suis retournée dans la chambre. Peu après, Fabiola est venue m'y retrouver. Elle s'était calmée, peut-être impressionnée par mon éclat, redoutant soudain mon départ.

– Je te l'ai toujours dit, tu vas rester ici encore un peu, jusqu'à ce que les enfants grandissent...

Plus les jours passaient, plus je faiblissais. J'avais

du mal à monter les escaliers, je ne pouvais plus soulever les gros sacs dans la cave.

– Pourquoi est-elle rayée, cette valise ?

Fabiola me faisait sans cesse ranger la cave, devenue une véritable annexe de l'appartement. En plus des vêtements et de tout un bric-à-brac, on y entreposait sur des étagères des boîtes de conserves, des casseroles, de la vaisselle. J'étais obligée de descendre deux ou trois fois par jour dans ces couloirs de béton, froids et sombres. Fabiola semblait même prendre un malin plaisir à m'y envoyer. Je devais remonter telle valise, chercher le haut de son tailleur ou prendre un sac de riz.

Dès que je passe la porte, elle chronomètre mes sorties. Elle est tout le temps sur mon dos, elle ne me laisse pas un moment de répit.

Je n'ai même plus d'intimité dans la douche. Dans le nouvel appartement, il y a deux salles de bains, la leur, que je nettoie mais que je n'ai pas le droit d'utiliser, et une salle de douche avec lavabo à l'autre bout du couloir. C'est là que je vais. Mais Fabiola m'a interdit de fermer la porte sous prétexte que la vapeur allait écailler la peinture. Lorsque je me douche, je suis obligée de laisser la porte ouverte, seulement protégée par le rideau en plastique de la douche. Mais au bout de deux minutes, elle passe la main à l'intérieur et ferme le robinet.

– Tu gaspilles l'eau chaude. L'électricité, ça coûte cher.

En plein hiver, je ne peux pas prendre une douche

glacée, alors je sors couverte de savon. Autant que possible, j'essaie d'attendre un moment où elle n'est pas là pour sortir de ma cuisine et faire ma toilette.

Sabria reste souvent à la maison avec moi mais elle ne m'aide pas, évidemment. Elle passe ses journées devant la télé ou bien elle tire les *koris* sur la table du salon. Elle lance sept coquillages et lit l'avenir dans leur disposition.

Un jour, elle était penchée sur ses coquillages lorsque je suis entrée dans la pièce. Elle m'a dit :

– Henriette, bientôt, tu auras la tête haute et plus tard tu auras un avenir magnifique.

J'ai souri. Je me suis dit qu'elle avait une nouvelle corvée à me confier mais qu'elle ne savait pas comment aborder le sujet.

Depuis peu, j'avais décidé de recommencer à sourire. Je ne voulais plus voir mon existence s'éteindre à petit feu, je n'avais aucune raison de la livrer tout entière à Fabiola. Après tout, elle se fichait bien de mon sort, elle menait sa vie, tandis que je dépérissais. Alors, malgré mon malheur et ma faiblesse, je souriais, surtout avec les enfants et pour eux. Mon sourire, c'était ma rébellion.

Et j'ai retrouvé un peu de force. Lorsqu'elle m'envoyait au Casino ou faire le ménage dans le studio de Monsieur, j'en profitais pour voler quelques instants de liberté, je me sauvais. Au bas de l'immeuble, je rasais les murs, la tête entre les épaules, ou bien je me mêlais à une grappe de piétons pour que Fabiola ne me repère pas de là-haut.

Vite, je courais jusqu'à l'église la plus proche. Je me mettais à genoux devant une statue de la Vierge, je lui parlais :

– Je ne sais pas comment m'en sortir. Toi seule, mère de Dieu, peut m'aider. Je te confie ma vie. Si mes parents ne m'aiment pas, si personne ne veut de moi, Dieu qui m'a mise sur cette terre ne peut pas m'abandonner.

Un jour, Fabiola m'a dit d'aller à la cave chercher les vieux jouets des enfants pour les donner à Julien. Il avait bientôt un an, il commençait à jouer à quatre pattes.

Je suis descendue, j'ai allumé la torche électrique pour y voir un peu plus clair et pour aller rallumer la minuterie au bout du couloir, toutes les deux ou trois minutes.

Mathilde, la voisine danoise, est passée avec son mari.

– Tu es là, toi ? Tu es bien courageuse pour venir là toute seule dans ce sous-sol si noir. Tu n'as pas peur ?

– Si.

– Moi, je ne descends qu'avec mon mari. Qu'est-ce qu'elle fait Fabiola ? Et François ? Pourquoi il ne vient pas ?

Je n'ai pas répondu. J'ai continué à chercher les jouets. Mathilde et son mari sont bientôt remontés. Mais en partant, ils ont collé une bande adhésive sur la minuterie pour que je reste dans la lumière.

Plus que jamais, ces brèves rencontres avec les

voisins constituaient mon seul lien avec le monde extérieur.

Geneviève et son mari habitaient aussi l'immeuble et venaient souvent à la maison. Je croisais parfois Geneviève au parc, elle était toujours très gentille. Parmi les amis des Calmar, c'était une des seules à avoir remarqué que je souffrais. Elle avait même dit à Fabiola que je devrais suivre des cours. Fabiola avait répondu qu'elle allait s'en occuper, plus tard, lorsque Julien aurait grandi.

Genviève avait un petit garçon, Théo, qui avait quatre ans, l'âge d'Alice. Un jour, elle a sonné à la porte :

– Henriette ne sort presque jamais, je l'emmène au parc avec les trois grands, comme ça tu pourras rester un moment seule avec Julien.

– Non, non, qu'elle l'emmène aussi, je n'ai pas le temps.

Il a fallu descendre avec tous les enfants. Dans le parc, nous nous sommes assis sur un banc.

– Henriette, je vois bien qu'ils ne sont pas corrects avec toi. Je sais que tu n'as pas tes papiers, mais mon mari a trouvé des gens qui veulent bien t'aider. Tu pourras gagner un peu d'argent chez eux et retourner en Afrique.

Mais à ce moment-là, je n'avais aucune envie de rentrer chez moi, je ne voulais plus entendre parler de ma famille, je ne les appelais plus, je ne pensais presque plus à eux, sinon avec amertume. Et j'ai dit non. Je voulais bien sortir mais pas aller en Afrique.

Là-bas, on ne voulait pas de moi, je serais la risée de tout le monde. Et puis aller chez d'autres gens, à quoi bon ? Pour tomber sur une autre Fabiola ? Une autre Simone ?

Un autre jour, Geneviève a proposé de nous emmener à la piscine. Fabiola n'a pas voulu.

– Non, non, Henriette a plein de choses à faire. Si tu veux, prends Alice et Clémence.

Elle les a emmenées à la piscine avec son fils Théo.

Quand ils sont revenus, Clémence a raconté je ne sais quoi à sa mère, qu'ils étaient nus dans la cabine, que Théo jouait avec Alice... Fabiola a bondi sur son téléphone, elle a appelé Geneviève :

– Votre fils a touché ma fille. Ce gamin est un vaurien, je ne veux plus que vous approchiez de mes enfants...

Je savais qu'elle jouait la comédie pour éloigner Geneviève qui posait trop de questions sur moi. Elle a sauté sur le premier prétexte pour se débarrasser d'elle. Et ça a marché. Fâchée, Geneviève n'est plus jamais venue. Parfois, lorsque je descendais les enfants à l'école, je la croisais sur le parvis, nous échangions quelques paroles de politesse. Fabiola me faisait la leçon quand je remontais.

– Ce ne sont pas des gens biens. Ça fait dix ans qu'on les connaît, ils sont entrés dans l'immeuble grâce à nous, et maintenant ils nous snobent. Ce sont des radins, des profiteurs. Je ne veux plus que tu t'approches d'eux. Je vous ai vues en bas. Qu'est-ce que vous disiez ?

– Rien. Elle m'a dit « comment ça va ? » puis elle a demandé de tes nouvelles. Je lui ai répondu : « Tout va bien. » Voilà, c'est tout.

– Je sais que tu mens. Je t'interdis de parler aux voisins.

Mais les gens de l'immeuble me connaissaient presque tous, au moins de vue, puisque j'habitais là depuis quatre ans. Ils me rencontraient dans l'ascenseur, à la cave, devant l'école. Les mères me demandaient comment j'allais, elles me saluaient.

– Bonjour, Henriette, ça va ?

Fabiola ne le supportait pas.

– D'où tu connais cette personne ? Comment elle sait ton nom ?

– Elle a entendu les enfants m'appeler. Ou bien quand on attend devant l'école, les gens me demandent comment je m'appelle. Je ne peux pas leur dire « je n'ai pas de nom ».

– Tu as une trop grande bouche...

Finalement, elle faisait tellement d'histoires que je ne parlais plus à personne dans la rue. Quand on me demandait « ça va ? », je répondais « ça va », et je m'arrêtais là.

Nicolas passait régulièrement à la maison, mais je ne lui parlais jamais parce que Fabiola était toujours là. C'était le fils de la voisine de palier, il devait avoir une vingtaine d'années. Un jour, j'ai entendu sa façon caractéristique de frapper à la porte, les enfants sont allés lui ouvrir. Je préparais un plat africain, il en a pris un peu. Il a aimé, ça lui rappelait son voyage au Sénégal.

– Avec tout le travail que tu fais, depuis le temps que tu es là, tu dois avoir plein d'argent. Pourquoi ne pars-tu pas en vacances ?

– Ça va faire bientôt quatre ans que je suis chez les Calmar et je n'ai même pas un sou.

– Comment as-tu connu Fabiola ?

– Quelqu'un m'a amenée chez elle.

Quelques jours plus tard, il est repassé. Il a dit à Fabiola qu'il avait goûté ma cuisine et qu'il s'était régalé. Ça ne lui a pas plu.

– Henriette, tu as donné à manger à Nicolas ? Qui t'a dit de distribuer ma nourriture ?

– Je ne lui ai pas donné, j'étais en train de faire la cuisine et il s'est servi.

– C'est vrai, elle ne m'a rien donné, c'est moi qui voulais goûter, ça sentait trop bon.

Au lieu de se taire, il a enchaîné :

– C'est bizarre que tu ne la paies pas, Henriette. Moi, je croyais que c'était une fille au pair.

Comme Fabiola ne répondait pas, il a reposé la question. Cette fois, elle a répondu.

– Nicolas, tu es trop curieux. Et d'ailleurs, si tu viens ici quand je ne suis pas là, tu ne manges pas.

Il a rigolé comme s'il s'agissait d'une blague. Il n'avait aucune raison d'avoir peur d'elle. Mais quand il est parti, Fabiola m'a dit :

– Tu n'ouvres plus jamais la porte à personne en mon absence. Si les gens sonnent, tu demandes qui c'est, tu leur dis que je ne suis pas là et c'est tout, tu n'ouvres pas.

Au rez-de-chaussée, il y avait une grande salle où les enfants pouvaient descendre jouer lorsqu'il ne faisait pas beau. Un dimanche, j'y suis allée avec Alice et Julien, les deux grands étaient à la campagne.

Le gardien m'a vue.

– Tu passes tellement de temps avec ces enfants, à croire que c'est les tiens.

– Ils sont un peu mes enfants.

– Qu'est-ce que tu fais, à part les garder ? Je ne te vois jamais avec des amis. C'est toujours les enfants ou les courses. Tu pars en vacances ? Tu vas chez ta famille ?

– Non.

Je ne lui ai rien dit de plus. Mais il a dû en parler à Fabiola. Elle est remontée folle de rage.

– Qu'est-ce que tu es allée raconter au gardien ? Je t'interdis de retourner dans la grande salle.

Elle a trouvé un moyen de surveillance très efficace. Désormais, je n'allais plus nulle part sans prendre au moins un des grands avec moi. Lorsque nous remontions, Fabiola pouvait les interroger :

– Alors, qu'est-ce que tu as fait avec Henriette ? Où êtes-vous allés ? Elle a rencontré quelqu'un ?

Un jour, n'y tenant plus, je lui ai lancé :

– J'en ai assez, je vais voir la police.

– Et alors ! On te renverra en Afrique.

– Je m'en fiche.

– Là-bas, tout le monde va se moquer de toi si tu

reviens comme ça, sur ta tête. Moi, j'y suis retournée en Afrique, les choses ont changé, il faut beaucoup d'argent, on n'y va pas les mains vides. De toute façon, personne ne veut de toi là-bas. Sinon, tu ne serais pas ici...

Elle devinait à quel point l'abandon de ma famille était encore douloureux, et elle retournait à plaisir le couteau dans la plaie. Ses mots se répétaient à l'infini dans ma tête, je me demandais quelle faute j'avais bien pu commettre pour être ainsi rejetée par les miens.

Pour leur anniversaire de mariage, les Calmar ont décidé de donner une grande fête. Deux jours avant, on a commencé à préparer des galettes, les gâteaux, un plat arménien, les potirons, tout ce qui allait au four. Le lendemain, c'était la viande assaisonnée, les poissons, le couscous. Le troisième jour au matin, nous avons attaqué les légumes, le riz, les salades marocaines... Puis les invités sont arrivés, nombreux. Il y avait les amis de François et ceux de Fabiola. La fête a duré deux jours. Les gens venaient quand ils voulaient, il y avait toujours à manger et à boire.

Lorsque les invités sont partis, il a fallu tout ranger, tout nettoyer. Nous étions tous épuisés. J'étais dans la cuisine, je venais de nettoyer les salles de bains et le salon, j'avais posé mon seau d'eau sale par terre, avec le balai.

Tout à coup, Fabiola est arrivée derrière moi, elle a pris le seau et elle me l'a renversé sur la tête. J'ai poussé un cri de surprise, je suffoquais, l'eau sale me brouillait la vue, j'étais trempée de la tête aux pieds. Et je ne savais même pas ce que je lui avais fait.

À cet instant, j'ai souhaité mourir.

Je n'ai rien dit. J'ai ôté mes vêtements, je les ai mis directement dans le vide-ordures puis je suis allée prendre une douche. Lorsque je suis revenue, je tremblais encore, j'ai pris une serpillière pour essuyer le carrelage.

Puis j'ai descendu les grandes casseroles à la cave. Je n'avais pas envie de remonter. Je suis restée plus de cinq heures au sous-sol, prostrée dans un coin. Je grelottais, mes mains étaient glacées, bientôt mes pieds et tout mon corps.

J'ai décidé de remonter. Les portes de l'ascenseur se sont ouvertes sur Fabiola. Inquiète sans doute de nc pas me voir revenir, elle avait laissé les enfants seuls là-haut pour me chercher.

– Où étais-tu ?

Je n'ai pas répondu.

– Qu'est-ce que tu faisais ?

Je n'ai pas répondu. Je tremblais comme une feuille. Je suis remontée, j'ai enfilé plusieurs pulls.

Pendant la semaine qui a suivi, j'ai senti qu'il fallait absolument que je parle à quelqu'un, sinon j'allais mourir.

Le dimanche, comme d'habitude, je suis montée faire le studio de Monsieur. En redescendant, je me suis arrêtée devant la porte de Mathilde, sans trop savoir ce qui me poussait vers elle. J'ai frappé.

– Henriette ? Mais qu'est-ce qui t'arrive ?

Je n'ai pas dit un mot. Je ne pouvais pas. Je me tenais sur le pas de la porte, sans bouger.

– Mais entre donc, viens t'asseoir. Qu'est-ce qu'il y a ? Tu as quelque chose à me dire ?

J'en étais incapable. Les mots ne sortaient pas.

Je suis restée ainsi, interdite, pendant une longue minute. Puis :

– Il faut que je parte.

– Mais enfin qu'est-ce que tu as ?

Une semaine plus tard, je suis retournée chez Mathilde. Il fallait à tout prix que je m'ouvre à elle, même si elle refusait de me croire.

– Il faut que vous me donniez cinquante francs.

– Qu'est-ce que tu vas faire avec cinquante francs ?

– Acheter une carte pour téléphoner à ma mère.

– Qu'est-ce que tu vas lui dire ?

– Je veux savoir pourquoi elle m'a laissée partir.

– Tu peux téléphoner d'ici.

J'étais paralysée, je n'ai pas fait un geste.

– Vas-y, le téléphone est devant toi.

Elle a pris le combiné, elle me l'a mis dans la main.

J'ai appelé Lomé. Je suis tombée sur une des femmes de mon père. Il n'était pas là. Ma mère non plus.

J'ai raccroché. Je suis restée assise. Je n'avais pas la force de me lever.

Mathilde m'a apporté à boire. Du jus de pomme.

Et comme je partais, elle m'a donné cent francs.

– Tu pourras acheter une carte et appeler ta famille.

J'ai pris le billet. Mais je ne savais pas où le mettre. En attendant, je l'ai plié et je l'ai rangé avec mes affaires. Mais le soir-même, Fabiola est venue fouiller ma valise. Elle a trouvé les cent francs :

– D'où tu sors cet argent ?

– Il est à moi.

– Qui te l'a donné ?

– Il est à moi. Je ne l'ai pas volé, je le jure.

Elle l'a pris. Et je n'ai pas pu rappeler ma famille.

Deux dimanches plus tard, je suis retournée voir Mathilde. Elle m'a dit :

– J'étais inquiète. Tu as pu appeler ta famille ?

Je lui ai expliqué que Fabiola avait confisqué l'argent.

– Téléphone d'ici.

J'ai appelé Lomé. C'est mon père qui a répondu.

– Allô ?

– Allô ? C'est moi, Henriette.

Et je me suis mise à pleurer.

– Henriette ? Qu'est-ce que tu as ? Tu es malade ?

– Non.

– Alors pourquoi tu pleures ?

– Je ne sais pas. Pourquoi tu m'as laissée partir ? Pourquoi j'ai quitté le Togo ?

– Mais c'est toi qui voulais. Est-ce que tu vas bien ?

– Oui, je vais bien.

Et j'ai raccroché.

Mon père était devenu un quasi-inconnu pour moi, je ne pouvais pas lui dire ce que j'avais sur le cœur. J'avais envie de lui parler, mais je ne savais pas comment exprimer ma détresse.

Je suis repartie.

Plus tard, toujours le dimanche, en montant au studio de Monsieur, je suis revenue chez Mathilde.

– Henriette, je ne sais pas comment t'aider. Nous n'avons pas d'amis en France, je suis danoise, je parle mal le français. Tout ce que je peux faire, c'est t'accueillir ici quand tu as besoin, te donner à manger quand tu as faim. Je ne peux même pas te donner d'argent puisqu'elle va le prendre.

Je me suis dit qu'elle ne me croyait pas. Mais de toute façon, personne ne pouvait m'aider. Ni ma famille, ni mon oncle n'avaient rien fait pour moi. Comment une voisine aurait-elle pu me venir en aide ?

Deux mois plus tard, nouvelle visite chez Mathilde.

– J'ai trouvé des gens qui sont prêts à t'aider !

– Ah bon ?

Je ne croyais plus à rien.

– C'est une association. Ils vont venir te voir et te poser des questions. Tu as une pièce d'identité ?

– J'ai un passeport. Enfin, c'est Fabiola qui l'a. Elle m'a dit qu'elle le gardait pour me faire des papiers.

– Est-ce que tu peux le reprendre ? Parce qu'il

faut que tu prouves que tu es en France et chez Fabiola depuis longtemps. Tu n'as pas autre chose ?

J'ai pensé aux deux photos que Catherine avait prises quand je donnais le bain à Alice, tout de suite après mon arrivée. Elles étaient dans l'album de Clémence. Je les ai détachées et je les ai remises à Mathilde.

Puis j'ai demandé mon passeport à Fabiola.

– Ton passeport ? Qu'est-ce que tu veux faire avec ?

– J'ai téléphoné à mon père, il a besoin de mon passeport pour le renouveler et pour obtenir un papier.

– Comment as-tu pu lui téléphoner ?

– J'avais une carte que Mamie m'avait laissée. Je l'avais oubliée. Elle croyait qu'elle était vide. Et puis l'autre jour, je l'ai essayée dans une cabine...

– Et comme par hasard tu as trouvé des unités ! Tu me caches quelque chose... Je vais appeler ton père. Où ai-je mis son numéro ? Donne-le-moi.

Je lui ai donné un faux numéro.

Elle a téléphoné je ne sais où en Afrique.

– Ça ne répond pas, il n'est pas là.

– Il me faut mon passeport, j'en ai besoin.

– On va faire des photocopies et tu les lui enverras.

Une photocopie, c'était déjà une preuve.

Au moment de sortir, le téléphone a sonné. C'était une copine de Fabiola. Elle m'a tendu le passeport.

– Tiens, tu vas au Casino, tu fais les photocopies et tu me le rapportes tout de suite.

J'ai pris le passeport et je suis sortie.

Je suis descendue au Casino, j'ai fait les photocopies. De retour dans l'ascenseur, j'ai hésité. Puis j'ai appuyé sur le bouton de la cave. Je n'avais pas pu prendre la clé, alors j'ai juste glissé le passeport sous la porte. Je ne prenais pas un trop gros risque puisque Fabiola n'y descendait jamais.

Je remonte, je sonne, elle ouvre, prend les photocopies.

– Le passeport.

– Je l'ai perdu.

– Quoi ? Tu plaisantes ! Où l'as-tu mis ? Tu ne peux pas rester ici sans papiers !

– J'ai dû l'oublier dans la machine.

– Va le chercher.

J'ai rappelé l'ascenseur.

– Non, attends, je descends avec toi.

Mon cœur battait à toute vitesse. Je cherchais désespérément quoi inventer.

Au Casino, elle ne m'a pas laissé le temps de soulever le cache, elle l'a fait elle-même.

– Mais il n'y a rien, tu es folle !

Elle a appelé le responsable. Personne n'avait rien rapporté. Nous sommes ressorties.

– Henriette, tu ne sais pas mentir. C'est toi qui l'as, j'en suis sûre. Donne-le-moi.

Le soir, elle en a parlé à François dès son retour. J'étais dans la salle de bains, ils parlaient à voix haute.

– Si jamais il arrive quelque chose, ce sera ta faute, Fabiola. Tu n'aurais jamais dû lui donner son passeport.

Puis ils sont venus me trouver. Ils se tenaient chacun d'un côté de la porte, penchés vers moi comme sur un enfant qui a perdu la clé de la maison mais qu'on ne veut pas effrayer par trop d'empressement.

– Henriette, tu sais qu'on ne peut pas vivre en France sans pièce d'identité, c'est dangereux.

J'avais préparé ma réplique :

– Monsieur, depuis que je suis avec vous, et ça va faire bientôt cinq ans, vous ne vous êtes jamais préoccupé de mes papiers. Votre femme m'a dit qu'elle allait me faire passer pour sa sœur, mais jusqu'aujourd'hui, il n'y a pas trace de papiers. Et tout à coup, vous me réclamez mon passeport, tout à coup, c'est très urgent, je ne peux plus vivre en France sans papiers...

– Fabiola, cette fille m'énerve, je n'ai pas envie de lui parler, je ne veux même plus la voir. De toute façon, c'est ton problème.

Il est parti. Je les sentais inquiets et ça me faisait un bien fou, comme si la peur avait soudain changé de camp. Fabiola s'est montrée caressante.

– Henriette, à moi, tu peux tout dire, tu le sais bien, depuis que tu es ici. Je veux t'aider pour tes papiers. Si je ne l'ai pas fait avant, c'est parce que je ne suis pas retournée en Afrique. Mais Sabria a dit qu'elle allait s'en occuper sur place. Tu vas avoir tes papiers, comme ma propre sœur.

– De toute façon, c'est trop tard. Puisque le passeport est perdu.

– Je ne sais pas ce que tu as, mais je vois bien que tu es changée. Laisse-moi.

Le lendemain, dès qu'elle m'a envoyée à la cave, j'ai récupéré le passeport et je l'ai caché sous les grosses valises. Elle n'irait pas le chercher là.

Tous les soirs, Fabiola m'appelait :

– Où est le passeport ?

Elle a tout essayé, les menaces comme la manière douce.

– Bientôt tu vas rentrer au Togo, tu verras, ce sera formidable, les enfants iront te voir...

Elle a fini par appeler mon oncle à la rescousse.

– Henriette, où est ton passeport ? Depuis quand tu deviens indépendante ? Depuis quand tu prends des initiatives ? Tu vas le rapporter, sinon je vais me fâcher.

Le dimanche suivant, j'étais seule avec Alice. Fabiola m'a envoyée acheter de la menthe et du soja chez le Chinois.

– Emmène Alice.

Au retour, je devais passer à la cave prendre la grande marmite pour cuire le riz à la vapeur. En fait, je suis descendue directement au sous-sol, avec Alice qui avait peur dans le noir. J'ai pris le passeport. À un moment ou à un autre, Fabiola allait fouiller la cave, car elle devait bien se dire que je n'avais pas d'autre cachette.

Mathilde était en voyage au Danemark, je ne pouvais pas lui confier mon passeport. Mais j'avais eu le temps de réfléchir. Je suis partie au centre commercial avec Alice. Je suis allée dans l'atelier de couture de Milva, une couturière libanaise qui habitait l'immeuble. Elle avait déjà fait des petits travaux pour Fabiola. C'était une femme très chrétienne, qui m'avait parfois soufflé des mots d'encouragement.

Je suis entrée dans sa boutique, j'ai posé le passeport sur le comptoir.

– Je vous l'ai apporté parce que je ne sais pas à qui le donner. Fabiola fouille toutes mes affaires.

Elle a regardé le passeport en silence. Puis elle a accepté.

– Vous me le rendrez quand je vous le demanderai, et pas avant.

J'ai couru faire les courses, en tirant Alice derrière moi, puis je suis remontée en vitesse chez Fabiola.

– Où étais-tu passée ? Ça fait des heures que tu es partie !

– Il y avait la queue chez le Chinois.

Je croyais avoir réussi mon coup. Mais une semaine plus tard, Fabiola est rentrée à la maison, triomphante :

– Je sais où est ton passeport. Milva m'a tout avoué.

Je n'ai pas répondu. J'ai cru que ma tête venait d'exploser. Milva m'avait trahie !

Mais soudain on a sonné à la porte. Je suis allée ouvrir. C'était Milva. Elle avait suivi Fabiola jusqu'ici.

– Henriette, je voulais juste te dire que j'ai toujours ton passeport...

Fabiola s'est précipitée dans l'entrée. En voyant Milva, elle s'est mise à crier :

– Je ne veux pas de cette femme dans ma maison ! Fiche-la dehors !

Milva n'a pas bougé. Les mots se bousculaient dans sa bouche :

– Henriette, je n'ai rien dit, c'est elle qui est venue me voir, elle m'a dit que tu avais tout avoué et...

Fabiola lui a claqué la porte au nez.

Je ne savais plus où j'en étais mais j'avais enregistré que le passeport était toujours entre les mains de Milva.

Du jour où j'ai repris possession de mon passeport, j'ai senti que le rapport était inversé : ce n'était plus moi qui avais peur des Calmar, mais eux qui avaient peur de moi. Fabiola ne me parlait plus de la même manière. D'abord elle me criait moins dessus, puis elle tentait de me cajoler.

En même temps, elle a encore accru sa surveillance. Elle allait même jusqu'à me prendre en filature. Elle m'envoyait au Casino, et soudain, pendant que je faisais la queue à la caisse, je l'apercevais derrière les rayons. Ou bien lorsque j'emmenais les enfants au parc, elle nous rejoignait à l'improviste, chose qu'elle n'avait jamais faite.

Avant, quand elle me laissait seule à la maison avec

Alice ou Julien, elle me confiait la clé, au cas où. Désormais, elle nous enfermait à l'intérieur pour que je ne puisse pas sortir en son absence. Ou si je devais aller chercher les enfants à l'école, elle remettait la clé au concierge, en bas. Je la lui demandais le temps d'ouvrir la porte et je la lui redescendais aussitôt. Ainsi, je ne pouvais pas ressortir sans qu'elle le sache.

Fabiola redoutait quelque chose.

Les grandes vacances sont arrivées. Le 1er août, j'étais dans la cuisine en train de vider le frigo parce que nous devions partir à la campagne. Vers treize heures, on a sonné à la porte. J'y suis allée.

Il y avait plusieurs personnes sur le palier. Quatre hommes et deux femmes. Dès que j'ai ouvert, ils se sont mis à rigoler. Je ne comprenais pas.

– Oui, c'est pour quoi ?

– Vous vous appelez Henriette ?

– Oui.

– Il y a quelqu'un avec vous ?

– M. et Mme Calmar.

– Nous sommes la police du treizième. Vous allez nous suivre au commissariat.

– Messieurs, entrez, je vous en prie... !

C'était Fabiola. En entendant le mot de « police », elle avait accouru tandis que Monsieur sortait vite de la chambre. Ils sont arrivés dans le vestibule chacun de son côté. Fabiola a été la plus rapide.

– Entrez, messieurs, entrez donc. Elle est avec nous, mais ça fait dix-huit mois à peine. Son père est commissaire de police au Togo. Et son oncle habite en Bretagne...

Elle a débité ça d'une traite, sans que personne ne lui ait rien demandé.

– Venez vous asseoir....

– Non, c'est vous qui allez venir au commissariat, vous êtes convoqués tous les deux à deux heures.

– Mais je dois aller chercher mes enfants au centre de loisirs... Et je n'ai personne pour aller les prendre.

– Débrouillez-vous comme vous voudrez. À deux heures, vous êtes convoqués au commissariat.

Les policiers se sont tournés vers moi :

– Vous avez une pièce d'identité ?

– Non.

– Mais si, elle a son passeport, seulement on ne sait plus où elle l'a mis. Ça fait à peine dix-huit mois qu'elle est ici, on n'a pas eu le temps de régulariser sa situation...

J'ai suivi les policiers.

Dans la voiture, ils m'ont demandé :

– Vous savez pourquoi on a rigolé quand vous avez ouvert la porte ?

– Non.

– Quand la dame a déposé plainte...

– Quelle dame ?

– Votre voisine, une Danoise.

– Ah, d'accord !

– On lui a demandé comment on allait faire pour vous reconnaître. Elle nous a dit : « Vous ne pouvez pas vous tromper, elle porte tout le temps des habits déchirés. »

Or, c'est vrai, quand j'ai ouvert la porte, j'étais pratiquement en haillons. Et ça les avait fait rire. D'ailleurs, ils en riaient encore. Moi, je n'ai même pas pu sourire tellement j'étais surprise et perdue.

Nous sommes arrivés au commissariat.

– On va prendre votre témoignage.

Les deux chefs étaient assis devant moi, un autre s'est installé à côté, devant un clavier d'ordinateur.

– Qu'est-ce que vous avez sur vous ?

Je n'avais que le collier en or que ma mère m'avait offert. Je l'ai posé sur le bureau.

– Vous allez tout nous dire. Sans rien cacher. Quand et comment êtes-vous arrivée en France ?

J'ai raconté mon histoire, depuis le début. On m'avait toujours dit que les policiers allaient me renvoyer en Afrique. Avant de partir, je voulais qu'ils sachent ce que j'avais vécu en France. J'ai tout expliqué, comment Simone m'avait amenée du Togo en me promettant que j'irais à l'école, comment je dormais par terre à la Porte Dorée avec Stéphanie, comment j'ai quitté Simone pour les Calmar, ma tentative d'évasion, mon oncle qui m'avait ramenée, comment je travaillais de sept heures du matin jusqu'à plus de minuit, avec quatre enfants, sans jamais être payée... Ça a duré presque deux heures.

Le policier qui tapait à la machine répétait sans arrêt :

– C'est pas possible d'entendre des trucs pareils...

Puis, quand j'ai eu fini :

– On va vous placer en garde à vue. Parce que devant la loi, vous êtes une sans papiers...

On m'a conduite dans une petite cellule froide et nue. Je serrais la chaînette en or que les policiers m'avaient rendue. Le long récit que je venais de faire avait réveillé en moi le souvenir des pires moments que j'avais traversés ces quatre dernières années. J'étais venue en France dans l'espoir de me construire un bonheur, et je me retrouvais enfermée dans cette cellule, alors que je n'avais rien fait de mal. Je n'avais aucune idée du sort qui m'attendait. J'ai pleuré toutes les larmes de mon corps pendant presque trois heures. Mes yeux étaient enflés quand un policier a ouvert la porte.

– Vous voulez boire quelque chose ?

Je n'avais pas soif.

– On va venir vous chercher. Des gens du Comité contre l'esclavage moderne. Ils vont s'occuper de vous en attendant que votre situation soit réglée. Vous avez beaucoup souffert mais maintenant c'est fini.

Je ne pensais plus à rien, je restais assise sur mon banc, j'avais froid aux mains, au dos, j'étais gelée.

Puis un homme et une femme sont entrés. Ils m'ont dit s'appeler Christina et Joachim, ils appartenaient au Comité contre l'esclavage moderne.

Je me suis accrochée à leur bras.

– J'ai froid.

L'homme a ôté sa veste et l'a posée sur mes

épaules mais ça ne suffisait pas. La femme m'a passé la sienne. Je suis restée un moment à grelotter.

Puis Joachim m'a demandé :

– On y va ?

J'ai hoché la tête.

Et je suis sortie de ma cellule.

Paris tête haute

J'ai mis longtemps à réaliser que j'étais enfin libre. Les deux premières semaines, je suis restée terrée dans la chambre fournie par le Comité. J'avais peur qu'on me ramène chez les Calmar, peur que mon oncle me retrouve.

J'étais sortie, mais j'étais vide. Je ne ressentais rien, à part d'horribles maux de tête. Je ne voulais voir personne, je me croyais différente, anormale.

Puis une pensée m'a traversée : « Si je ne réagis pas, alors Fabiola a gagné. » Peu à peu, j'ai relevé la tête. Et j'ai décidé de porter plainte contre les Calmar : ils m'avaient fait trop de mal, je voulais qu'on sache toute la vie et la joie qu'ils m'avaient volées.

On m'a conduite à l'hôpital. Prise de sang, radios, gynéco... Je souffrais d'anémie, ce qui expliquait mon état de faiblesse générale, mes vertiges et mes migraines.

Un mois plus tard, le Comité contre l'esclavage moderne m'a présenté maître Morain, un avocat qui acceptait de s'occuper de mon affaire. Je lui ai longuement raconté mon histoire, sans pouvoir contenir mes larmes.

J'ai commencé à fréquenter le Comité régulièrement. Lors des réunions, je restais en retrait, j'écoutais le récit des autres filles. J'ai fait la connaissance de Céline, une Béninoise qui était arrivée à Paris comme domestique d'un ambassadeur africain. Avec toujours les mêmes promesses : elle devait garder les enfants et, en échange, on l'enverrait à l'école. Mais en fait elle travaillait à longueur de journée et dormait par terre dans le couloir. La dame l'insultait puis elle s'est mise à la frapper. Les premiers coups sont tombés parce que Céline avait cassé une assiette ou mal fait le ménage. Un jour, ses employeurs l'ont tabassée si fort qu'elle a eu plusieurs dents cassées. Bien sûr, ils ont refusé de l'emmener chez le dentiste, la blessure s'est infectée, elle avait la moitié du visage enflé, elle ne pouvait presque plus manger ni parler. Une fois, la dame lui a versé de l'huile chaude dans les oreilles, pour finalement la jeter à la rue. Céline a trouvé refuge auprès d'une famille béninoise qui l'a conduite d'urgence à l'hôpital...

Je me souviens aussi d'une Malgache qui avait laissé sa fille au pays pour venir gagner un peu d'argent en France, dans une ambassade. La dame avait promis de la payer mais elle ne lui donnait rien ou presque. Elle devait faire le ménage dans quatre endroits différents. Lorsqu'elle avait fini la résidence de l'ambassadeur, elle allait dans un autre appartement, puis un troisième, et enfin dans les bureaux. Ensuite, elle devait faire la cuisine. Pendant un an, elle n'a pas eu une minute de répit. Elle ne dormait qu'une poignée d'heures par nuit, sur le carrelage de la cuisine.

Il y avait aussi une Indienne, arrivée en France à l'âge de neuf ans, et qui en avait trente lorsque je l'ai vue au Comité. Elle était toute frêle et menue, comme si elle avait cessé de grandir, à cause des innombrables coups et brimades. Dans son corps comme dans sa tête, elle donnait l'impression d'avoir encore neuf ans. Elle a horriblement souffert. Lorsque enfin, elle est arrivée au commissariat, les policers ont tout de suite pris des photos de ses deux mains. La peau et la chair étaient mangées, il n'y avait plus un seul ongle : pour la punir, la dame avait pour habitude de lui tremper les mains dans l'eau bouillante...

Le comité s'occupait d'une centaine de cas. Chaque fille avait son histoire, toutes avaient souffert. Exploitées, humiliées, affamées, mais aussi battues, enchaînées, torturées à coups de couteaux, de fer à repasser ou de mégots de cigarettes, couvertes de cicatrices, violées, prostituées. Certaines sont arrivées en France toutes petites, données ou vendues par leur propre famille.

Beaucoup de leurs tortionnaires, à l'abri de l'immunité diplomatique, ont échappé à toute poursuite judiciaire.

Lors de ces réunions, je restais silencieuse dans

mon coin. En écoutant l'histoire de ces filles, j'oubliais la mienne. J'étais horrifiée par leurs récits, et en même temps j'y puisais de la force. Car après tout ce qu'elles avaient subi, elles parvenaient à sourire, à vivre presque normalement. Pourquoi n'y arriverais-je pas, moi ? Mais je n'étais pas encore prête à me confier, la parole était encore bloquée.

Un jour, Christina m'a convaincue d'aller à la piscine avec un groupe de filles du Comité. Surmontant ma peur de l'eau, je suis entrée dans le bassin, les filles s'amusaient et nageaient autour de moi. Mais prise de panique, j'ai tout de suite bu la tasse, je m'étranglais. J'ai préféré aller m'asseoir sur les gradins. L'une après l'autre, les filles sont venues me rejoindre. Et là, j'ai commencé à leur parler, tandis que résonnaient les cris et les bruits d'éclaboussures. Les mots sortaient, et plus ils sortaient plus ils me libéraient. Pour la première fois, j'ai réussi à raconter mon histoire sans fondre en larmes, sans me sentir écrasée sous un poids énorme.

Ce jour-là, j'ai décidé d'apprendre à nager.

Si les autres y arrivaient, pourquoi pas moi ? J'ai suivi des cours de natation, le maître nageur m'a encouragée. En quelques mois, j'ai appris la brasse et le crawl. D'abord une longueur, puis deux, puis cinq, jusqu'à ce que nager me devienne aussi naturel que marcher. Lorsque je sortais du bain après une longue séance, je ne ressentais aucune fatigue, au contraire : mon corps avait cessé d'être un fardeau, il me semblait léger, mes gestes devenaient fluides.

J'étais tellement fière de moi ! J'avais réussi à nager, j'avais envie de tout essayer, les gens pouvaient penser ce qu'ils voulaient. Je commençais enfin à regarder en avant. De nouveau, je savais combien la vie peut être belle...

Mathilde m'a appelée. J'étais tellement contente de l'entendre. Elle m'a dit qu'elle avait enregistré sa déposition et que je pouvais compter sur elle, jusqu'au bout. Nous nous sommes revues plusieurs fois. Elle a accepté de devenir ma marraine. Avec elle, j'ai découvert ce Paris dont j'avais rêvé autrefois. Je lui ai demandé de m'emmener voir la tour Eiffel, Montmartre, les Champs-Élysées. J'ai regardé les péniches glisser sous le Pont-Neuf, j'ai vu les gargouilles jaillir de Notre-Dame, je me suis assise à la terrasse d'immenses cafés, j'ai exploré les salles du Louvre. Partout, j'étais surprise et heureuse. Je vivais à Paris depuis presque cinq ans, mais je suis sûre qu'aucun touriste ne s'est jamais émerveillé comme moi pendant ces journées de liberté. Je ne savais pas qu'il était aussi magnifique, le pays où je vivais !

Peu à peu, je réapprenais à ne pas marcher la tête basse, je relevais le menton, je regardais les gens droit dans les yeux. Je devenais une autre personne.

Mais pour tourner la page, il me restait une épreuve à franchir... Maître Morain m'a annoncé que ma plainte était reçue et qu'il y aurait bien un procès. Les Calmar ont commencé à s'agiter. Monsieur a déclaré à la police qu'on ne pouvait rien contre lui, qu'il connaissait des gens bien placés. Puis il est allé trouver Mathilde pour lui expliquer qu'il comptait me renvoyer bientôt en Afrique avec de l'argent pour m'établir.

– Vous ne pouviez pas la mettre à l'école en attendant ? a demandé Mathilde.

– Mais c'est parce que ma femme...

– À mes yeux, vous êtes aussi coupable qu'elle.

Le procès a été reporté. Plus la date fatidique approchait, plus j'étais angoissée. Mon avocat, maître Morain, me répétait que je n'avais pas à m'inquiéter, qu'il serait là. Je n'aurais qu'à répéter tout ce que je lui avais dit.

– Tu appréhendes de te retrouver face aux Calmar ?

– Non. Plus maintenant. Quand j'étais à leur merci, j'avais peur. Mais aujourd'hui, ce sont eux qui doivent avoir peur de moi...

Je disais cela pour me rassurer. En vérité, j'avais tellement peur que pendant les quarante-huit heures précédant le procès, je n'ai pratiquement pas dormi ni mangé.

Le jour dit, le tribunal était plein à craquer, il y avait même des gens debout. Mme Calmar est arrivée, la mine sévère. Quand je l'ai vue, mon cœur a tressailli. Elle ne m'a pas adressé le moindre regard.

Monsieur est venu le premier à la barre.

La juge, en me désignant, a commencé par quelque chose comme :

– Monsieur Calmar, est-ce que vous connaissez cette fille ?

– Non.

– Vous ne l'avez jamais vue ?

– Si, chez moi.

– Ah bon. Et vous ne vous êtes jamais posé la question de savoir ce qu'elle y faisait ?

– Elle aidait ma femme.

– Elle *aidait* votre femme ? Vous voulez dire qu'elle travaillait pour elle ?

– Je ne sais pas si on peut appeler ça du travail, parce qu'elles passaient leur temps devant la télé.

– Avez-vous entrepris des démarches pour régulariser sa situation ? Vous savez qu'il est illégal d'héberger chez soi une personne sans papiers...

– Je l'ai fait par humanité.

J'ai levé les yeux vers lui. Il ne me regardait pas.

– Combien de temps est-elle restée chez vous ?

– À peu près deux ans.

– Comment était-elle rémunérée pour l'aide qu'elle fournissait à la maison ?

– Nous lui avions préparé une cagnotte pour son départ.

– Où était déposée cette cagnotte ?

– À la banque.

– Où ça ?

– Une banque.

– Monsieur Calmar, je crois que nous ne sommes pas sur la même longueur d'ondes. Je vous ai posé une question et j'attends une réponse. Où avez-vous placé cet argent ?

– Dans la banque de ma femme.

– *Quelle* banque, monsieur Calmar ?

– Au Crédit Lyonnais.

L'assistance sentait qu'il mentait. Pourtant ces mensonges me faisaient mal. Mais Dieu avait été témoin de tout ce qui s'était passé dans cet appartement. Il savait la vérité, comme moi et comme les Calmar, pour peu qu'ils soient honnêtes avec eux-mêmes.

Puis Fabiola est venue à la barre. Elle a été plus odieuse que son mari, lançant les pires mensonges et les pires méchancetés. Elle a affirmé m'avoir payée plusieurs fois, mais elle ne savait pas où était passé l'argent. Elle prétendait aussi n'avoir jamais vu mon passeport. À l'entendre, je ne m'occupais pas des enfants, je ne faisais rien à la maison, ni la cuisine, ni le ménage. La juge a fini par l'interrompre :

– Vous n'allez tout de même pas me dire qu'elle se faisait les ongles pendant que vous travailliez ?

Paradoxalement, plus les Calmar mentaient, plus ils m'insufflaient de la force pour témoigner à mon tour. Je n'avais pas de faveurs à leur rendre, j'allais dire tout ce qu'ils m'avaient fait subir. Appelée à la barre, j'ai raconté une nouvelle fois mon arrivée en France, la Porte Dorée, puis la tour de l'Europe, ma fuite manquée... Les avocats des Calmar m'interrompaient souvent, mais maître Morain me défendait avec vigilance. Ça a duré près de deux heures. La salle écoutait en silence, plusieurs personnes se sont mises à pleurer. Seul Monsieur s'agitait sur son banc :

– Ce n'est pas vrai, n'importe quoi !

– Monsieur Calmar, taisez-vous ! Ou je vous fais sortir.

Quand j'ai eu fini, la juge m'a dit :

– Vous pouvez vous asseoir, votre calvaire est terminé.

Un mois plus tard, à la date fixée pour la remise du jugement, je ne tenais pas en place. La matinée m'a paru interminable. Maître Morain m'avait dit de l'appeler, mais je n'osais pas. Et lui ne téléphonait pas. Ils avaient donc gagné. J'avais souffert pour rien. À travers moi, c'était Stéphanie, Phoebé, Pauline et toutes les filles du Comité qui perdaient aussi, toutes celles qui n'avaient pas eu droit à un procès...

Et enfin maître Morain au bout du fil :

– On a gagné, Henriette ! Tu as gagné ! Ils sont condamnés !

Un an de prison dont sept mois ferme, cent mille francs d'amende. Je n'arrivais pas à y croire, j'étais surprise par la lourdeur de la peine. À cause des enfants, je n'avais pas souhaité que les Calmar soient condamnés à de la prison ferme. Je voulais seulement que mon bon droit soit reconnu. Je me suis mise à pleurer.

C'était le jour de mon anniversaire.

J'avais tout juste vingt ans.

Les Calmar ont fait appel de la décision. Mais désormais, je pouvais consacrer mon énergie à autre chose. car je devais songer à donner un sens à ma vie. Depuis la mort soudaine de mon frère Charles, puis de ma sœur Gisèle, je rêvais de devenir infirmière. J'avais envie d'aider les autres. Pendant l'été 1999, j'ai préparé et réussi le concours d'entrée à une école d'aide soignante. Je suis des cours à la Croix-Rouge tout en effectuant des stages dans les hôpitaux. Un jour peut-être, je réaliserai mon rêve.

Lors du procès en appel, M. Calmar a déclaré qu'il ne comprenait pas, qu'il m'avait toujours traitée comme un membre de la famille. À ses yeux, cette affaire était un complot médiatique destiné à le salir, lui et la compagnie où il travaillait. Avec de grands effets de manche, l'avocat de Fabiola a produit une carte orange à mon nom, censée prouver que j'étais libre de mes mouvements, ainsi qu'un compte d'épargne où sa cliente virait mille francs par mois pour me constituer une cagnotte.

Calmement, maître Morain a fait remarquer que la carte orange n'avait pas dû beaucoup servir, puisqu'elle n'était même pas pliée. Quant au compte d'épargne, il n'était pas à mon nom, mais à celui de Mme Calmar, et dix-huit mois après mon départ, la cagnotte était toujours alimentée...

– Quelle philanthropie admirable !

Il m'a semblé, ce jour-là, que la peine des Calmar serait amoindrie au délibéré. Sans doute seraient-ils reconnus coupables, mais ils échapperaient à la prison, ce qui serait aussi bien, surtout pour les enfants. Pour ma part, j'étais satisfaite : j'avais alerté la justice sur mon cas, un cas parmi d'autres plus dramatiques encore, et cela contribuerait peut-être à éviter de nouveaux abus. Cette fois, je pouvais vraiment tourner la page.

Enfin presque...

Car il me restait encore une blessure à panser.

Deux semaines après avoir quitté les Calmar, j'ai appelé Lomé. J'ai eu ma mère. J'étais tellement émue de l'entendre, je ne lui ai pas dit que j'étais partie de chez mes patrons. Je lui ai seulement demandé ce qu'elle avait fait ce dimanche, avec mes frères et sœurs. Étaient-ils allés à l'église tous ensemble ? S'étaient-ils promenés ? Avaient-ils préparé un grand repas ? Et que faisait mon père ?

– Mais pourquoi me poses-tu toutes ces questions ?

– Je voulais juste savoir si je n'ai pas rêvé toutes ces choses que nous faisions ensemble. Quand tu nous emmenais en forêt, que tu nous disais des mots gentils, et que mon père marchait à côté de nous.

– Bien sûr que c'était vrai. Et tu sais bien que je t'aimais beaucoup...

Les larmes ont coulé sur mes joues. C'était la première fois depuis presque cinq ans que j'entendais ces mots.

– Henriette, tu pleures ?

– Non, ce n'est rien.

Et j'ai raccroché.

Par la suite, j'ai fait plusieurs tentatives, mais chaque fois que j'entendais la voix de mes parents au bout du fil, je raccrochais. Ils ignoraient toujours que j'étais partie de chez les Calmar. Du moins, je le croyais. Mais lorsque j'ai enfin trouvé le courage de parler à mon père, il m'a dit que mon oncle lui avait tout raconté.

– Il paraît que tu es dans une association maintenant. Et que tu ne veux pas fermer ta bouche. Tu n'obtiendras rien de ce Comité, tu sais. Et tu vas rentrer en Afrique les mains vides. Toutes ces années fichues en l'air...

Il ne me croyait toujours pas ! Et pour la deuxième fois, il me faisait très mal. Mais du coup, j'avais décidé d'aller jusqu'au bout pour lui montrer que je n'avais pas menti.

De nouveau, le pont était coupé avec mon père. Pourtant, le matin du procès, je l'ai appelé. Il était déjà au courant, il avait entendu mon nom sur Africa n° 1.

– Je suis de tout cœur avec toi, ma fille.

De tout cœur avec moi ? Mon père ? Lui si dur, lui qui avait tant refusé de me croire ? Ce revirement arrivait bien tard. Comme s'il avait fallu le retentissement du procès pour qu'il ouvre enfin les yeux. Pourtant, malgré ma rancœur persistante, j'étais contente d'entendre enfin une parole de soutien dans sa bouche.

Quelques semaines après le jugement, j'ai encore téléphoné. Ils avaient appris par la presse que j'avais gagné mon procès.

– Bravo, ma fille. Je suis fier de toi.

Mon cœur battait fort.

– Oui, j'ai gagné. Mais j'y suis arrivée toute seule, sans votre aide. Parce qu'au moment où j'ai eu besoin de vous, vous n'avez rien fait pour moi...

– Je ne pouvais pas savoir. J'ai trop fait confiance aux autres. À Yvonne, à sa sœur, à ton oncle.

– Il y a encore une chose qui me travaille. Est-ce que tu as reçu de l'argent de Simone ?

Au Comité, j'ai découvert que dans beaucoup de cas, les filles étaient vendues par leurs parents. Souvent pour pas très cher, pour du savon, du riz ou de l'huile. Je savais que mes parents n'étaient pas dans le besoin, mais tout de même, cette idée m'a travaillée. D'autant que je me rappelais les paroles de Fabiola : « J'ai donné beaucoup d'argent à Simone pour qu'elle me rapporte une fille... » Entre leurs mains, j'avais été une simple marchandise.

Mon père a nié avec énergie.

– Je te jure que je n'ai pas touché un centime de cette femme ! Henriette, je suis désolé de ne pas t'avoir crue depuis le début. Je te demande pardon, je croyais agir pour ton bien.

Mais le pardon n'est pas une chose si facile à donner. Combien de fois, la nuit, dans mes prières, avais-je appelé mon père ? Il avait le téléphone devant lui, il pouvait se procurer le numéro de Fabiola par mon oncle. Pourtant il ne l'a jamais fait. Il ne s'est pas soucié de moi.

J'ai beau me répéter qu'il faut oublier, que je ne peux pas en vouloir à mes parents, ma colère remonte parfois, je me demande comment ils ont pu m'abandonner à mon sort. J'avais clairement exprimé le vœu de rentrer et ils m'ont ignorée, ils ont préféré écouter Simone, puis mon oncle. Comment pouvaient-ils encore prétendre m'aimer quand ils n'avaient pas fait un geste pour moi pendant quatre longues années ?

Au téléphone, je me suis mise à pleurer.

– Ne pleure pas, Henriette. C'est moi qui devrais pleurer, pas toi... Bon, je te passe ta mère.

– Maman, pourquoi tu ne m'as pas empêchée de partir ? Je sais que tu n'étais pas d'accord...

– J'ai eu beaucoup de chagrin au moment de ton départ. J'avais déjà perdu deux enfants sans explication et j'ai senti que j'allais te perdre, toi aussi. Je te demande pardon, je n'ai pas assez cherché à dissuader ton père. Mais à cette époque, nous ne nous parlions pratiquement plus. De toute façon, je n'avais pas le choix : si je te retenais, tu allais me le reprocher toute ta vie ; si je te laissais partir, j'étais presque sûre de le regretter. Mais si tu savais comme j'ai envie de te revoir aujourd'hui, de voir la jeune femme que tu es devenue...

– Je ne sais pas si j'ai encore besoin de toi et de mon père. Tout ce temps, je me suis débrouillée sans vous.

– Tu vas arrêter de me dire des choses méchantes ? Quand vas-tu revenir ?

– Je ne sais pas, maman. Un jour, peut-être. Oui, un jour, nous nous reverrons...

REMERCIEMENTS

Je tiens à remercier les responsables et les bénévoles du Comité contre l'esclavage moderne pour leur soutien et la façon dont ils m'ont aidée à revivre.

CCEM
Comité contre l'esclavage moderne
4, place Valois, 75001 Paris
Tél. 01 55 35 36 55
Fax : 01 55 35 36 56
E-mail : ccem@imaginet.fr

TABLE DES MATIÈRES

Direction littéraire
Huguette Maure

assistée de
Deborah Kaufmann

Impression réalisée sur CAMERON par
BRODARD ET TAUPIN
La Flèche

pour le compte des Éditions Michel Lafon
en avril 2000

Imprimé en France
Dépôt légal : avril 2000
N° d'impression : 1971
ISBN : 2-84098-548-9
LAF 051